天下文化
BELIEVE IN READING

信義學

Sinyi
Knows

ESG先行者10個有溫度的創新

信義深知賣的不只是房子，是家，是信任，

是人情，是人與人之間的情感聯繫，

因為家健全了，有了溫度，人與人之間有更緊密的關係，

社會才能正向發展，土地上的人才會好，企業也才能茁壯。

一株參天巨木
在種子落地時便決定了

逢甲大學人言講座教授、
中華企業倫理教育協進會理事長許士軍

　　信義房屋這家企業在台灣所從事的，既不是屬於紡織、石化或鋼鐵這類主流產業，也不是今日無限風光的電子或網路產業，在規模和營利上，更遠遠不能和今日被譽為「護國神山」的台積電，以及縱橫四海的鴻海相提並論。但是，在一般人和社會的心目中，它卻是一家令人信任和尊敬的企業，這應該是一個異類。

　　尤其信義房屋所從事的房屋仲介業，在四十年前周俊

吉創業的那個時代，正如書中所描述，以當時房屋仲介業者的經營方式和社會形象，幾乎是不可能獲得社會肯定的。然而，在這種背景下，信義房屋今天所贏得的肯定，是怎樣形成，這背後多種原因，值得探究。

堅持立業信念，扭轉台灣房仲業面貌

首先，這四十年來，隨著社會生活型態與價值觀念的改變，人們漸漸體認到，房屋仲介業不是一種單純服務業，而是屬於一種生活產業，關係到人們身心健康、社會安和樂利的產業，有其正面而積極的貢獻。當然，在另一方面，業者本身這些年來力爭上游，積極改進其服務內容和品質，對於改變人們心目中的形象，也有相當幫助。

但是，無可否認的，這一產業本身的進步和轉變，和信義房屋有相當密切的關係。信義房屋在周創辦人領導下，一開始便以「以人為本」和「先義後利」做為創業宗旨，四十年來貫徹不渝。由此所倡導的種種創新做法，也

間接帶動了產業的進步和風氣，發揮了重要的影響作用。

以終為始，成為業界參天巨木

　　本來，企業經營一般有其自然的演化過程。大致說來，一家企業開始時，是以獲利為主要目的，在財務上站穩腳步以求生存，乃是一等一的大事，自屬應有之義。其後，隨著規模擴大，公開發行或上市，此時所追求的，如投資報酬率之類，仍然屬於財務性質之目標。

　　這要等到某一階段，企業漸漸發現公司形象與社會肯定之重要，才會擴大其關心對象，採取或參與某些社會公益活動。尤其近年來，隨著世界潮流和趨勢，有愈來愈多的企業，將其經營目的擴大為涵蓋社會責任或 ESG。整個說來，上述發展代表一個漫長而曲折的過程。

　　令人驚奇的是，信義房屋這家公司所經歷的，並不是延續這種自然轉變的過程。反過來說，用今天流行的話來

形容，這一過程可說是一種「以終為始」的精神。就如前文所說的，周創辦人在創業之初，就立下了「先義後利」的經營宗旨。他所謂的「義」，其中就包括：對顧客的誠心服務、對員工的愛護和照顧，對於各種社會公益活動的積極參與；尤其這些年來努力不懈的致力於企業倫理觀念的發揚和推動。這一切可以說是一開始便朝今天世界上企業經營理想的境界，努力不懈的落實和實踐。

有人說，一棵樹之所以成為參天巨木，在它種子落地的那一天便決定了。這個道理，似乎在信義房屋的發展歷程上獲得印證。相信這也是信義房屋之所以獲得社會的肯定和客戶信任之最根本道理所在。值此信義房屋創立四十年的今天，我們願意為公司這麼長期對於信念的堅持及所做的努力，致上衷心的祝賀和敬意。

序文二

最幸福的時光

信義房屋創辦人周俊吉

　　今年是信義房屋四十週年，這陣子我經常被媒體朋友或同仁們問到，在這四十年當中，我最幸福或是最辛苦的時光是哪一段？

　　其實，我們只要接受此刻的自己，就不難明白，最幸福的時光，永遠都會是此刻。反之，我們如果不能接受現在的自己，那麼最幸福的時光，永遠都不會是現在。

　　舉例來說，我的求學之路，看似很不順遂，我曾經念了三年高中，結果還在念高二，最終也只是補校結業，至

於大學也是重考了好幾年，才終於考上。事實上，也因為這樣的考試成績，我與家裡的關係，在我年輕歲月時，始終緊張。

因此那段歲月，總不會是我人生中的幸福時光吧？很多人或許那樣想，但其實如果沒有那段歲月，如果我沒有在年少輕狂的歲月就拜讀了李敖、柏楊等人的「禁書」，思想啟蒙也許要晚上好幾年，也或許就沒有那些領悟。

而如果沒有大學重考好幾年，我在那時去養雞場、去書店街打工，我對這個社會的真實體認、吃苦耐勞的能力，恐怕也要晚上好幾年才能獲得。

所以艱辛歲月，也正是累積養分的幸福時光。我若沒有那段看似徬徨的求學歲月，或許就不會有日後的信義房屋。沒有前面種種，包含失敗與成功、痛苦與挫折、跌倒與站起，我們，都不會是今日的我們。

找到幸福目標，沿途都是好風光

　　但有沒有一種方式，可以幫助我們即便是在人生最挫折、最低潮之際，也能先感受到幸福？也就是不必等終於千辛萬苦到了目的地後，才能回頭一望，明白先前我們所受的苦難一切所為何來？

　　我也許能建議一種方式，就如我也經常被問到，創業四十年來，最難的是哪一道關卡？我又是如何堅持下去？是初期的長年虧損嗎？是當年窮到要去典當太太的嫁妝金飾，才能發出同仁的薪資嗎？還是……？

　　其實那些看似艱辛的難關，都不是真正的「大魔王」。最難的關卡，其實不是在創業後的種種艱難，而是在創業之前、是在遠行之初，我們是否真正想清楚，我們要追求的價值為何？而實踐這份價值，對我們來說，是重要且能帶來幸福的嗎？以及我們又將以什麼樣的理念來完成這份事業？

每個人的價值觀不盡相同，但我們都應該想清楚再出發。因為當想明白之後，所謂天大挫折，也不過是年輕人所說的「打怪」，沿途磨難也都只是沿路風光，因為目標是自己選的，所以不管「路」多痛苦，其實都是幸福之道，容易就能樂以忘憂，樂在其中。

所以，回望過去四十年，信義房屋面對過最難、卻也是最有價值的一關，正是在創業第一日，便清楚寫下我們的「立業宗旨」：

「吾等願藉專業知識、群體力量以服務社會大眾，促進房地產交易之安全、迅速與合理，並提供良好環境，使同仁獲得就業之安全與成長，而以適當利潤維持企業之生存與發展。」

是人生先前的種種累積，讓我們有能力寫下這份立業宗旨。而當寫下目標後，我們便能懂得與看見，其實一切的折磨與失敗，都只是來成就我們的遠大目標。

而我何其有幸，同仁們有著類似的能力站在我的肩膀上，將最初的利害關係人——客戶、同仁、股東，範圍向外延伸，擴及到社區（會）與環境。在 2008 年冬天，共同創作出「2.0 版立業宗旨」：

　　「我們堅信永恆的價值，熱情實現家業夢想，分享每個獨特的故事，共同成就豐富人生，和諧成長、生生不息。」

最幸福的人與企業，是為別人帶來幸福

　　至於什麼樣的目標、什麼樣的做人原則或是立業宗旨，最容易讓自己獲得幸福與成功？就我的觀察與體悟，若初心是為別人著想，或是為社會帶來幸福的企業，或為了讓地球永續而努力，往往最是幸福。

　　其實，最簡單的標準就是，旁人會不會因為我們的存在，有感而發的說出：「有你真好？」以我的小兒子為

例，他曾經前往尼泊爾的高山村落擔任志工。因他也曾去過祕魯、哥斯大黎加擔任過志工，所以當他要再前往尼泊爾時，我與內人原先也不以為意，認為應當大同小異，只是當小兒子志工任務結束，我與內人前往當地村莊接他回來時，才發覺所謂尼泊爾的高山村莊，竟遠超乎我們所想。

原來那裡是三千公尺以上的高山，若從最近的機場出發，竟還得徒步三天以上才能到達的荒山野嶺。當地環境十分困苦，我與內人一直誤以為有幾位孩子應該是五、六歲的年紀，但後來才知道，是因為營養不良，才讓這些十歲左右的孩子顯得十分瘦小單薄，看起來有如五、六歲。

但最讓人心疼的是，我的小兒子還告訴我，若能到這個村莊，還算是「好命」的孩子，因為就算吃不飽，但這裡至少還有得吃，還有書可以念。

然而，在這個村莊的醫療資源也是極度缺乏，根本沒

有醫生，醫生只會到附近較大的縣城，每年也只有四個月的時間會待在縣城。加上當地的衛生環境並不理想，如有一回，我誤以為某個杯子是黑色的，但凝神一看，才發覺那個杯子上滿滿都是蒼蠅。這樣的環境，也使得我小兒子初來乍到時，不免腹瀉幾日。

因此，當我小兒子表示自己還要再度重返該村莊Yalbang，擔任志工時，我太太因為太過擔憂，還與兒子發生爭執，不希望他前往。但兒子還是再去了兩回，導入了來自澳洲的農業夥伴與技術，希望能幫助當地人在荒蕪的高山上，想辦法種植作物自給自足，改善生活。

拉著我兒子再次前往的，是三、四十封字跡歪歪斜斜的感謝信，是他教導、陪伴過的孩子們所寫下滿是期待與他再見面的懇求與感謝。但那些孩子們可能不知道，為人父親的我，更是深深感謝他們，感謝他們的出現與此番經歷，帶給我兒子改變。

信義學

我兒子在這段期間，從一個不識人間愁苦滋味的高中生，領略到真實的人生，變成懂得凡事堅忍刻苦的年輕人。他更因為感覺到「被需要」，而學習與自己對話，去深刻了解自己的長處與不足，然後展開更多的學習，於是他收穫更多，去幫助更多的人。

　　事實上，這樣的過程也正是信義房屋創業以來一路所追求的。努力對身邊所有人、對整體社會、對自然環境做出貢獻，正如同近年來如火如荼展開的 ESG（環境：Environment、社會：Society 與治理：Governance）浪潮，一路走來始終堅持，即便失敗都是收穫，於是在這過程中，我們都是因付出成為最幸福的人。

　　誠摯邀請您，透過這本書認識我們，以及我們如何為更多民眾，帶來幸福。

目錄
contents

序文一

一株參天巨木在種子落地時便決定了

許士軍

005

序文二

最幸福的時光

周俊吉

009

第一部

┃生根┃
先義後利的堅持

第一章 **為正義，開啟一個事業** 035

第二章 **有溫度的創新，帶來無可取代的信任** 057

第三章 **與社會共好，為土地種下希望** 081

第二部

樹 人

以人為本的經營之道

第四章 **成就夥伴**：陪你練飛，看你翱翔 123

第五章 **真誠為客**：服務不是 SOP，是不著痕跡的體貼 143

第六章 **端正人心**：成功是因為知道有比獲利更重要的事 161

第三部

成 林

正向思考的力量

第七章 **使命必成**：方向對了，就堅持找對的方法達成 193

第八章 **不怕拒絕**：相信只是還沒成功，不是失敗 209

第九章 **深耕專業**：用心計較每個細節，助客戶安心成家 229

第十章 **以愛傳愛**：用愛把家變大，社區即一家 247

結語 信任，帶來永續好生活 265

附錄 信義環境、社會、公司治理（ESG）重點績效 278

第一部

生根

先義後利的堅持

人必須有出世的精神，
才可做入世的事業。

柏楊

曾有一個大型社區，裡頭有八十餘棟公寓、四千多名住戶，裡面的居民在踏出自家門後，往往不怎麼開心。因為一旦踏出後，「家」的感覺全沒了，不僅樓梯間的電燈總是壞掉不亮，沿著樓梯往下走，咫尺的牆壁也布滿髒亂的塗鴉，到了樓下，大門更被雜亂的小廣告貼得亂七八糟，面目全非。

每天回家時，不僅所有感受都得再來一遍，晚上若是梯間的電燈不亮時，婦女們更不免提心吊膽，感到家不像家。於是該社區的居民，有能力的就漸漸搬走，終至環境髒亂不堪。

然而，在二○○四年，這個社區有一位熱心的居民，參與了信義房屋的「社區一家」計畫。在獲得經費贊助後，他購買了白色油漆與燈泡，把全社區、八十多棟大樓的樓梯間，全都重新粉刷一遍，

並且同時把壞掉的燈泡全都換過。

起初，只有他與家人投入這個翻修工作，社區鄰居則是在一旁觀望。但漸漸的，經過一年、兩年之後，事情開始不同，不僅志工人數變成十幾個人，最後甚至有上百人加入，整個社區的風氣不但大不同於前，從原本的自掃門前雪，變成假日時志工成群出動，相約清潔環境，平時更是守望相助，家家彼此關心著。

於是，原本髒亂的梯間變成了孩子們的美勞作品展示區，懸掛上了過往住戶們只會擺在自家中的精美藝術畫作。最後，雖屬意料之外，但也合情合理的是，整個社區的房價跟著水漲船高，甚至在大環境不景氣的期間，該社區的房價還逆勢成長。

這個社區，以及信義房屋多年來所支持、贊助過的全台灣兩千多個社區，其實背後都有相同的信念與堅持，那就是「先義後利」。事實上，「先義後利」這四個字，是信義房屋自一九八一年創業至今，事業成功的關鍵心法。

「人必須有出世的精神，才可做入世的事業。」這是思想家柏楊，在感嘆世道紛亂有感而發的體悟。他認為：「現代社會是一個由利和害組成的魔網，誰都難以逃出。大街小巷、會議室、辦公室，人頭攢動，都在努力把自己放到第一。」

然而，信義房屋顯然並未陷在這魔網之中，始終保有出世情懷。如自二〇〇四年以來，信義房屋為了支持台灣兩千多個社區改造與翻轉自己的命運，投入了高達四億元的善款。這也是台灣企業投入與支

持民間社造運動中，為期時間最長、金額也最高的企業。

甚至二〇一二年，信義房屋創辦人周俊吉，自己就捐了高達六億元的款項，信義房屋本身也投入了一億兩千萬元，將這兩筆共計高達七億兩千萬元的善款贈予政大商學院。這筆破紀錄的捐款，一來整建了政大公企中心，二來推動了台灣的企業倫理教育。時至今日，這筆善款的種子也已在台灣超過一百多所大學萌芽，透過開設企業倫理相關課程，將善與利的平衡思考深植於許多年輕學子心中，改變了無價的未來。

負責將這項捐款用於推動企業倫理教育的政治大學教授別蓮蒂，談起信義房屋與周俊吉，令她印象最深刻的是，由於身為計畫主持人，必須年年對周俊

吉簡報進度，但周俊吉總是溫文謙和的要她無須急於提出成果，因周俊吉十分清楚，別蓮蒂教授的任務是深植地基，不太可能在前面幾年，就能拿出開花結果的成績。

「我自己投身教育數十年，但從他身上，我看見了真正的百年樹人風範。」別蓮蒂帶著敬佩之意表示周俊吉真是一位君子企業家。

然而，有沒有可能這一切只是沽名釣譽？十億餘元的捐款或許只是大企業、龍頭房仲品牌的形象營造工程款？若想知道答案，或許可以從另一段故事窺知。

一九九七年左右，台灣解嚴尚未滿十年，白色恐怖看似雖結束，但卻沒人知道是否會死灰復燃，因此

當時若談起「人權」二字，許多人仍聞之色變。例如，第一屆人權教育基金會執行長、現任董事長的陽明交通大學公衛所教授周碧瑟就回憶，在一九九四年，受邀擔任人權教育基金會董事時，就因為結果難料、影響太大，她還特地回家徵詢長輩們的意見。結果家中長輩一聽，回答她的第一句話就是：「妳不要命了！？」

其實若默默成立基金會也就算了，但在一九九七年，時任人權教育基金會董事長，也是白色恐怖受難者、被無故囚禁於綠島九年餘的柏楊，決定要在綠島蓋一座垂淚碑。而柏楊不僅要大興土木，更想廣招社會賢達，一同擔任建碑委員。當時，不乏文化界、法界、新聞界、學界等各界人士，如曾志朗、王榮文、周碧瑟、黃日燦、盧世祥等人，無畏投入，但柏楊那時還想再找一位來自企業界的代表

擔任建碑委員，而且這位企業家還必須不是政治受難者或其家屬，才能讓建碑委員更具社會代表性。

然而，這個主意雖好，但對那時諸多的企業家來說，卻是一道極難跨過的天險。畢竟在當時，人權不彰、白色恐怖如影隨形，再怎麼樣，民都不敢與官鬥，自然是不要蹚這渾水比較好，以免將來在生意場上，殺頭又賠本。

但偏偏有一位企業家，在一番考量後，仍願意擔任建碑委員。他並非笨到看不清局勢，他答應的原因有二，一是他認同柏楊所說的：「可以原諒，但不能忘記。一旦忘記，暴政必定回來。」二是，在他的求學成長過程中，正是柏楊所寫的「政治禁書」陪他度過年少時光。

而此人正是周俊吉。也因此，後來的人權建碑委員會會議，甚至是二〇〇〇年，第三次的人權教育基金會董事改選，都是在信義房屋的會議室裡舉行。

「我還記得，那時開始募款，周俊吉就率先捐了一百萬，而人權紀念碑的建築師漢寶德，也是由周俊吉負責聯繫上的，還親自到台南邀請時任南藝大校長的漢寶德先生，徵得漢寶德先生同意，我再與柏楊等人一同正式拜會，統籌當年建碑重責。」周碧瑟教授憶起當年，仍歷歷如目。

「當然大家的『命』都只有一條，但周俊吉的身家比我們多，所以這樣看的話，確實他賭上的風險比我們要大，」周碧瑟笑著回憶，並說其實周俊吉也並非有勇無謀，因為後來是周俊吉建議既然要對外募款，那應該先向當時的總統李登輝先生募款，因

為若連總統都捐了，那麼對於其他人來說，政治風險就大大降低，企業界也自然樂於共襄盛舉。

「我更佩服他的是，他雖然有這個想法，但他其實是率先捐出個人捐款的，然後才提這個解方。也就是說，他腦袋雖好，但性情更耿直，」周碧瑟看得深入，也因此周俊吉成了在李登輝總統捐款十萬元之前，承受最高風險的第一位捐款企業家。

若問周俊吉怎麼敢於當年贊助這風險不小的「人權紀念碑」？或是為何要捐款？周俊吉都會先笑著說，他只是捐一點錢，更辛苦艱難的都是實際執行的夥伴。若再繼續追問下去，那個黨國仍為一體的年代，對周俊吉的企業經營與人身安全而言，都存有一定程度的風險，但到底周俊吉為何如此甘之如飴？

追問之下，周俊吉才緩緩說出，他的處世之道與他的經商之道一樣，都講求「先義後利」。他說：「其實先義後利有兩層思維，一層是著眼於長期利益，於是願意先行義、先付出，犧牲短期利益，捨短求長（義利有先後）。而這樣的先義後利，雖不簡單，但也不算太難。」

周俊吉認為最難的是，倘若先義後利不是必然的因果關係，那還能堅定行義嗎？甚至，如果為了做一件正義之事，但這件事與眼前的個人利益衝突，又不必然隨之而來利益，還能堅持去做嗎？這便是先義後利的第二層思維，與其最大的挑戰（義利是取捨）。

本書第一部要談的正是，周俊吉與信義房屋為何如此深信先義後利？又是如何從中獲得強大力量？以

及當他得到這種力量後，信義房屋如何改寫台灣房仲業的面貌？

人必須有出世的精神，才能做入世的行業。而要到達所謂的「出世」，讀書是一種最有效的法門，因為透過書中的風景，改寫的將是自己的胸懷與視野。

第一章
為正義，
開啟一個事業

在遇到壓力之前、平順的日子裡，人人都只是芸芸眾生，內在面貌並不清晰。然而，當一個人在面臨壓力之時，其所做出的選擇，無疑會反應出他的本色與信念，特別當壓力愈大，則顯露出的真相愈是清晰深刻。我們的種種反應，正透露了我們相信什麼、我們信任什麼，以及我們是誰。

一次的服務，永久的信任

二〇二一年的一月十二日上午，在高雄左營區文川路上，發生了一起車禍。一位父親陪著二十多歲剛拿到駕照的寶貝女兒，在自家附近緩緩練車，原本一切美好，但新手駕駛的女兒一時不慎，誤把油門當成煞車踩下，於是整台車竟撞進了一旁的炸雞店裡。

實在很難想像，在情急慌亂之下，這位父親趕緊打電話求助的，竟是信義房屋的同仁。接到這通電話後，信義房屋沒有「一個人」來，而是半間高鐵左營店在辦公室的

同仁都出動了，一口氣來了四位同仁，當然他們不是來看熱鬧，四人到了肇事現場，很有默契的分工合作，處理著車禍現場。

與這對驚魂未定的父女熟識，也為他們成交過房子的信義同仁，當下趕緊安撫父女兩人的情緒，並協助處理保險事宜；帶隊的副店長則因人脈較廣，負責打電話找廠商即刻修繕店家損害；另外兩位同仁，一位聯繫受災屋主，據實以告，並時時回報，最後一位同仁，則是安撫承租店面的炸雞店老闆，並幫忙掃地清理，收拾一地殘破，最後還負責跑腿，買便當給大夥吃。

一陣忙碌後，不知不覺已是中午，一場小車禍處理起來，也頗為費時。但有趣的是，因為現場滿是信義同仁身影，所以不知情的左鄰右舍還誤以為，車禍肇事的是信義房屋的人，而這時就有熱心的店家說著：「不是啦，是伊客戶啦。啊你也知道，信義的人就是這樣啊。」「喔，阿捏真正好厝邊，有讚！」

但為何這對父女在車禍、壓力時刻，選擇打電話給信義房屋的同仁？而非親友或是專門處理車禍的保險人員？表面原因可能非常多，但一切表象原因之下，最終核心因素當是「信任」二字。因為在情急受困下，人性自然會找尋打從心底最信任的那個人求援。

　　其實或許在這場車禍前，這對父女也都不知道，自己對信義房屋是如此信任，而信義房屋的同仁或也不知道，原來自己被客戶如此深深信任。然而感覺到自己被需要，其實是一種金錢之外的幸福。

所有的意外都不是意外

　　這場小小插曲，是真實映照出信義房屋的待人處世之道與其給人的信任感？還是就只是一場小小意外罷了？事實上數字會說話，特別是歷年累積的大數據。信義房屋自一九九五年起，即蟬聯《管理雜誌》「消費者心中理想品牌」大獎房仲業第一名，至今二十多年，已累積二十多座

獎盃，而「讀者文摘信譽品牌」大獎，信義房屋也連續拿了十多年，至於《天下雜誌》的「天下企業公民獎」更是從第一年至今十五年獲獎從未間斷。

還有，過去三年也連續蟬聯遠見「ESG綜合績效」服務業首獎，自二〇二一年起更榮登年度榮譽榜（未來三年皆無須再參賽），與製造業台達電、金融業玉山金控，同列於年度榮譽榜。

顯而易見的，信義房屋得到了多數民眾的認同與信任。但他們到底為何能如此深受信賴？其實每個房仲業，對民眾來說，都只是內在面貌並不清晰的芸芸眾生之一。人們會口耳相傳、推薦信義房屋的原因，應當都是看見過、感受過，當信義人在面臨各種壓力與金錢誘惑時，他們是如何做出選擇，因為在那些壓力之下，顯現的正是信義本色。

然而，信義房屋的員工是依據什麼做出行動抉擇？很

大一部分是信義房屋的企業文化，日日夜夜耳濡目染著這群信義人，使他們漸漸掃除短視近利的雜念，再澆灌「先義後利」、「以人為本」的儒家思維，最後正派的信念日益茁壯成林，有如青松翠柏，自然能得到人們的青睞。

企業裡的文化薰陶其實正是外界信任的來源。在信義房屋每月的全公司月會上，總是會有一個人四十年來如一日，絕少提到業績，只希望同仁們都能真正信仰先義後利等的人文堅持。

他堅持的先義後利，也「害」他創業之後，連續虧損了七年，而且在這七年間，各家房仲業更是賺到「錢淹腳目」。然而時間終會還正義公道，七年之後，信義房屋再也沒虧損過，甚至更成為台灣房仲業的龍頭品牌。

先義後利，到底是獲利的殺手？還是致富的門道？抑或是永續經營的心法？

這可能必須從年輕時的周俊吉尋得答案，了解他心裡是如何浮現、產生這念頭，而最好的觀察永遠都是看他面臨巨大壓力時，是如何面對，採取行動的？

心中有志，選擇一條困難的路

　　「叮咚、叮咚」，按了王寶輝老師家的電鈴之後，當時還是二十來歲大學生的周俊吉有點緊張，因為他是來這裡借錢的。事實上，他根本不能算是「認識」王寶輝老師，因為他連王寶輝老師的課都沒上過，他只是先前耳聞系上助教曾說，倘若有金錢上的困難，可以試著找王寶輝教授。

　　在等待老師前來開門時，周俊吉不免閃過一個念頭：「其實我只要事事都聽家裡的安排，當個聽話的乖寶寶，不就不必面對今天這樣尷尬的局面了嗎？」原來，周俊吉的家世背景十分良好，出身嘉義當地的望族，祖父是位創業家，而且樂善好施，因此周俊吉兒時總會在廟裡的柱

子，或是學校的石碑上，看見被當地人們感謝而刻下的祖父名字：周見才。

然而，凡事有好有壞，周俊吉出身自名門望族，伴隨他的卻是必須考上國立大學，必得品學兼優的沉重壓力。但兒時的周俊吉，像是注意力不集中的過動兒，當然過動兒未必沒有成就，只是特質不同於多數孩子，在早年兒童心理不被重視的情況下，周俊吉的求學之路走得很辛苦。

例如，當他在學校考試時，一個不經意抬頭看向外頭燦爛的陽光，就被「勾」出教室，到校園中與大自然為伍，這在現今可以被理解是過動兒的症狀，但在當年卻成為老師、家長眼中的頭痛人物，以為周俊吉是刻意「造反」、冥頑不靈。

於是，因為誤解與深深期待所帶來的重重失落，周俊吉與父親的關係始終在谷底。為了減少父子衝突，周俊吉高中時索性搬到家中新添購的一棟透天厝念書，而那一方

小天地，漸漸成為一群詩人朋友的詩社，甚至出版了詩刊。此舉雖然充滿了人文浪漫，甚至是周俊吉重要的人生養分，但終究不是考場裡的科目，加上周俊吉的天賦性格本就難以在填鴨式的教育中勝出，於是大學聯考周俊吉自然名落孫山，這也使得原本關係緊張的周家父子更是雪上加霜。

在這之前，周俊吉像是一個不知民間疾苦的大少爺，但後來為了避免父子衝突、相看兩厭，周俊吉隻身一人來到台北找工作，希望自立門戶，養活自己。

這段日子，他能屈能伸，曾當過日理萬「雞」的觀音山養雞工人，也曾幫人在南京西路圓環一帶送過黃牛票，也在重慶南路書店街工作過。當時因為沒有自備行軍床，地板太冷，每晚便睡在書堆上，而他睡前最大的挑戰，就是得把高低不平的書本，排成平坦的直線，但每每總睡到腰痠背痛。

若是一般的「大少爺」，如此的苦日子通常維持不了多久就打道回府，但周俊吉在考上大學之前，竟是考了四次，走過一段人生的徬徨流浪歲月。而他是如何度過這段青澀歲月？

　　周俊吉回憶，這期間他仍然持續閱讀，既讀詩集，也讀散文，涉獵諸多古今中外經典，因此他人生看似龍游淺灘，卻一直在不斷吸收養分。

　　當時，周俊吉只知金錢不是他所追求的最高目標，否則他大可回家，再享錦衣玉食。但此刻的周俊吉卻仍不知道自己的人生到底該往何處去？「擇善固執」的人生理想，年輕的周俊吉只有「固執」，執意在外流浪，卻不知如何「擇善」，尚未為自己的人生找到志業。

　　而這一切都在遇到一位大學老師之後有了不同。在那位老師的身影上，周俊吉看見了仁者風範，與自己可以投入一生的領域。這位老師正是王寶輝教授。

伸張正義不一定只能當律師

周俊吉在考上大學前，在書店街的工作，一個月約有一千元的收入。然而當他大學考了四年，終於考上文化大學法律系之後，卻面臨一個兩難的窘境，那就是倘若好好念書，就沒有時間賺取生活費與學費，但若無法專心念書，那工作又是為了什麼？

明白這其中為難的，不只周俊吉一人。仁者愛人的王寶輝教授，早知必有學生會面臨經濟壓力，特別是考上國立大學的學生，多是家中經濟較為優渥穩定，能提供良好的學習條件，而考上私立學校的孩子，不乏來自弱勢家庭，需要半工半讀，其學習資源本就缺少，因此王寶輝認為真正需要幫助、亟需獎助學金的學生，多半並非頂尖大學的學生，而是成績後段班的孩子。

也因此，王寶輝放了一筆錢在系上的辦公室，交由助教保管，言明無須任何條件、不用成績優異或清寒證明，

只要自認有需要的學生，每學期就可以無條件領走三千元。若對比在書店打工，每個月僅有一千元收入的景況，這三千元的金額對當時相對窮苦的學生們，的確有著非常大的助益。

而周俊吉更因經濟吃緊，大二時，就曾上王老師家按門鈴，借錢籌措學費。事實上，王寶輝教授的課是大四才會上到的法理學，因此周俊吉前往王寶輝老師家中開口借錢時，是他們師生初次見面，但即使如此，王寶輝也沒有任何懷疑，質疑周俊吉到底是不是系上學生，只問了幾句與借款金額後，便轉身回房拿了一筆錢給周俊吉，而且無須任何借據。這世間少見的仁愛與信任，在王寶輝的身上卻像是再自然不過的事。

但這一幕卻對周俊吉日後的人生產生了重大的影響。除了周俊吉每學期都領取三千元，解決生活重擔以外，王寶輝幫助社會的偉大身影，也深深烙印在周俊吉的腦海裡，特別是周俊吉在考取大學前的流浪日子，是與社會底

層，甚至是三教九流的人一起生活著，他很明白這些被社會上看不起、鄙視的人，本質其實都不壞，只是沒有機運改變人生，但倘若他們的人生中也能遇上「王寶輝」，那就有可能一切大大不同。

於是周俊吉心裡想著，有朝一日他要跟王寶輝老師，甚至是自己的祖父一樣，只要有能力，就去幫助別人。不過在那一日還沒到之前，大學畢業、服役退伍後的周俊吉，必須先找個地方寒窗苦讀，好考取律師或法官資格。

這時的周俊吉不由得又想到了他的恩師王寶輝。原來王寶輝老師擁有兩層樓房，除了其中一層他自住外，空出來的另一層樓，王寶輝並未拿來收租賺錢，而是免費讓有需要的學生居住，如此的寬厚之舉，又讓周俊吉得以有安身之處。

然而，像是意外，又像是一切早已注定好，在幾個月後，這對師徒有了一場關鍵對話。一日午後，王寶輝找了

周俊吉到書房聊聊，王寶輝詢問周俊吉，他一定要通過司法考試，當上律師或法官的原因是什麼？周俊吉當時照著書上所言，表示自己要為正義的一方努力奮戰，於是王寶輝又問了周俊吉兩個問題：「你當了律師後，會不會反而被瞞騙，結果在不知情的狀況下，竟是幫壞人打官司，欺壓良民？同理，若是當上法官，你就永遠不會誤判嗎？」周俊吉當下不禁為之語塞，只好反問王寶輝老師，可有什麼建議？

王寶輝於是建議周俊吉，不必把法律人的路走得那麼窄，法律人不一定要當律師或法官。真正的法律人精神應如「上醫醫國，中醫醫人，下醫醫病」所言，也就是最高明的法律人，不是每每都打贏官司，而是可以建立良善的制度，以降低人民的訴訟紛爭，他要周俊吉思考一個法律人如何能「醫未病之病」。

於是，宛如頓悟的周俊吉更追問：「老師，那哪個領域是人們訴訟紛爭最多的？」王寶輝苦笑著回答：「不動

產交易。」固執的周俊吉當下豁然開朗，更從此走上了耕耘四十餘年的房仲業。事實上，周俊吉後來將其一生都貢獻於保障民眾買屋、賣屋的交易安全，矢志讓民眾安心成家，成家購屋時不再需要如履薄冰，成為官司訴訟的源頭。

堅持做對的事，在商場上取之有道

踏進了不動產交易領域後，周俊吉矢志要促進產業良善之風，但他沒想到，房仲業在當年被人所嫌惡、貶抑為「牽猴仔」，還真不是空穴來風，周俊吉連續應徵上的兩家公司，都是連自家員工也欺騙、欺壓的房仲業者。

他進入的第一家公司，在報紙廣告上寫著「保障底薪八千塊」，周俊吉看到有些欣喜的前往了。但接下來的面試其實不到五分鐘，對方只問了他兩個問題：「會不會打電話？看不看得懂合約書？」就馬上錄取了法律系畢業的他，而他的工作，則是打電話找尋有意願賣屋的屋主。

雖然所謂的職前訓練大概一小時內就「結業」，有教跟沒教差不多，但周俊吉還是戰戰兢兢，努力想做好這份工作。他並沒有舌粲蓮花的口才，但靠著勤勞與誠懇，還是為公司接下了幾個賣屋委託案件。

　　很快就到了第一個發薪日，但周俊吉卻一毛錢也沒領到。因為老闆推說，周俊吉是月中才到職，還沒做滿一個月，所以要等下個月，再合併發薪。如此不顧員工生計的做法，讓周俊吉還得跟當時的女友，也就是後來的太太王美文女士借錢，才得以度過領不到薪水的苦日子。

　　而好不容易，等到下一個發薪日，周俊吉算了算，一個半月的薪資，應該是一萬兩千元，但當他打開薪資袋後，裡頭卻只有薄薄的兩千元。周俊吉於是找會計小姐詢問是不是少放了一萬元？但會計的回答卻是：「沒錯，分毫沒少。」於是周俊吉只好敲了老闆的門，表示自己有開發三個案子、接下三個賣屋委託，就算沒有多餘的獎金，至少該有報紙廣告上寫的保障底薪啊？

不料老闆冷冷的回答道：「你開發的案子最後都沒成交，都是『芭樂』，哪來的薪水給你？」周俊吉還想據理力爭時，對方卻已狠狠的往桌上一拍，惡人先告狀的要周俊吉不妨去打聽看看，他這個做老闆的，一毛都沒賺到，卻還願意給周俊吉兩千元，已經算是這個行業裡很有佛心的！

　　於是，周俊吉真的換了另一家不動產公司，而且這回他不再做業務開發，而是從事固定薪資的代書兼法務工作，薪資也是言明一個月八千元。但令他訝異的是，一個多月過去後，他的薪資袋裡，竟還是只有兩千元。不敢置信的周俊吉，再次找上總經理想問個清楚，而這位總經理也沒好氣，因為他早就想要找周俊吉發飆。

　　原因是周俊吉的法務工作，不論是草擬買賣契約書，或是在公司與客戶有糾紛，要周俊吉寄存證信函或提告時，周俊吉卻總是站在「對的那一邊」，因為懂法律的周俊吉深知，如果錯的是公司，怎還能告人，仗勢欺人？或

是公司怎麼可以提出如此不平等的契約書，欺負消費者？然而，這位總經理聘請這位法律系高材生，最大的用意正是要周俊吉為虎作倀，讓法律成為公司的賺錢利器。

立場迥異的兩人，最終自然不歡而散。這位總經理甚至大言不慚的告訴周俊吉，最好趁早把學校老師教的那一套全忘掉，否則日後走到哪裡，肯定都會碰壁。商場上唯利是圖，誰跟你講什麼孔曰成仁、孟曰取義。

種種磨練最終水到渠成

每當壓力來臨之際，我們的抉擇總反映出我們內心的信念為何，以及過往的人生點滴。

連續就業失利後，正逢一九八一年的農曆新年，於是周俊吉拿著被剋扣的薪水，買了車票回嘉義老家過年。當時外頭鑼鼓喧天、鞭炮聲四起，而那刻周俊吉的腦袋，卻也是翻天覆地。對周俊吉而言，過往的點點滴滴，漸漸匯

集成一股清明的力量，指引著他前進。

　　如享有錦衣玉食卻不快樂的大少爺人生，讓他明白金錢絕非萬能，有錢不一定買得到幸福；以及自己就業被騙的難受經驗、流浪四年的人生徬徨、見識社會基層的苦無機會，與遇見仁者恩師後的安穩感受，皆讓他清晰了心中的志向，將過去人生種種的磨練匯集成強大的信念，轉換於事業經營，那年周俊吉有如混沌初開，寫下了以下七十個字的立業宗旨：

　　「吾等願藉專業知識、群體力量以服務社會大眾，促進房地產交易之安全、迅速與合理，並提供良好環境，使同仁獲得就業之安全與成長，而以適當利潤維持企業之生存與發展。」

　　讀來拗口的七十個字，講的正是「先義後利」的精神。亦即先服務社會大眾，再幫助員工成長，最後才是企業的生存，而且企業的宗旨並非追求利潤極大化，而是適

當之利潤。因他認為人一旦希望將利潤極大化,想賺最多的錢,那王寶輝將不會是王寶輝,房仲也永遠會是短視近利、欺壓民眾的行業,年年月月日日,都會有年輕的「周俊吉」被這個行業所騙,訴訟不斷。

周俊吉的這個立業宗旨,現在仍懸掛於信義房屋的企業總部二樓。追根究柢,信義房屋之所以為人所信任,堅守信念與價值,這七十個字的立業宗旨正是這一切的源頭。面對爾虞我詐、訴訟紛爭不斷的行業,周俊吉選的不是同流合汙,也不是揮動法律長劍、制裁不肖業者。

他選擇的唯一武器,是面對他人的背信時,他更講信義。這看似書生意氣,卻正如人權運動領袖馬丁・路德・金恩(Martin Luther King Jr.)博士所言:「黑暗無法驅逐黑暗,唯有光可以。仇恨無法消弭仇恨,唯有愛可以。」

想以先義後利挑戰江湖、改寫房仲業面貌,周俊吉與信義房屋的故事即注定了波瀾壯闊,成就不凡。

信義
精神

「先義後利」的精神，

亦即先服務社會大眾，

再幫助員工成長，

最後才是企業的生存，

且企業的宗旨並非追求利潤極大化，

而是適當之利潤。

第二章

有溫度的創新，
帶來無可取代的信任

人與人之間的信任，其實很微妙。以買賣交易來說，一筆案子沒有成交，有時並不代表彼此不信任，反而很可能代表來日方長，雙方可以做一輩子的生意，反之，若是勉強成交，心中很可能帶著疑慮，終至後會無期。

堅守比買賣交易更重要的事

　　這段話正是台灣電通創意長周麗君，她在二○○七年買房時的心情寫照。那一年，她看了好幾個物件，最終喜歡上某一間房，但陪伴她的信義業務，明知道周麗君應該會買下這間房，當下仍坦承告訴她：「這間房子的某個角落，有海砂屋的問題，用專業術語來說，就是氯離子的含量檢測數值超標，雖然只有稍稍過高，但還是已經超出國家標準。」

　　周麗君於是陷入思考，但偏偏在這個時候，另一家的房仲，也帶她看了同一間房。周麗君於是問對方：「這房子不是有一點海砂屋的問題嗎？」那位房仲回答周麗君：

「確實有超過一點。」但他要周麗君放心、不用怕,因為他可以想辦法動一點手腳,讓稍高的數據在文件上降下來,周麗君到時可以用氯離子超標去跟原屋主殺價,但若日後要轉賣時,文件上已經沒有氯離子的問題,可以不用怕賣不到好價錢。

聽完周麗君當場傻眼,也終於明白買房必得慎選房仲,以免遇上不肖的黑心業者。於是後來周麗君雖然並未買下該物件,但她對信義房屋已埋下深深的信任,而且後來親友若要買賣房屋,她也自然成了信義房屋的最佳代言人。但為何明明是以買賣房子為業的信義房屋,卻要自毀交易?這是因為比起售出房子,信義房屋更重視的是客戶的信任。

當年毫無任何商場背景,就自行創業的周俊吉,他在事業上最重要的指引,即是日本經營之神松下幸之助所寫的《實踐經營哲學》一書。周俊吉不僅讀得透澈,而且身體力行,而書裡頭開宗明義就說道:「買方和賣方之間並

無交集，連結起來的，就是信任。」

這也是為什麼，信義房屋四十年來，屢屢有領先業界，甚至顛覆房仲業的重要創新，但若深入背後動機，會發現信義房屋的創新源頭，並非是基於標新立異或好大喜功的思維，而是期許自己必須持續在不同年代，提出保障民眾、獲得民眾信任的新做法，也因此成就了一連串為人津津樂道的創新。

而信任兩個字，看似簡單，但要真正獲得，其實極為不易。為此，周俊吉自創業第一天開始，便不斷思索創新做法，甚至不惜衝撞、改寫整個產業規則。

每個創新都是從誠信出發

大約從一九九一年，就因推動企業倫理教育，而與周俊吉有志一同的台灣管理界泰斗許士軍教授回憶，早期台灣房仲業一直為人詬病，周俊吉創業的九〇年代以及他身

處的產業，那時不要說仁義了，連基本的誠信都很欠缺，民眾吃虧上當時有所聞，甚至司空見慣。

原來一九八〇年前後，台灣不肖的房仲業業者，往往利用資訊落差，大賺價差。例如，賣方想賣一千萬元，但許多仲介業者往往擅自以一千兩百萬元的價差賣出，這對賣方原本應是好消息，但中間的兩百萬價差，多數仲介業者往往隱瞞不說，自己中飽私囊。而在當時，賺取價差幾乎是該行業的潛規則，因而房仲業不免惡名昭彰，得不到民眾的信任。

「我覺得周俊吉厲害之處在於，雖然整個業界大多如此，但他沒有同流，而是堅持自己的信念，然後甚至能從一個小蝦米，帶動產業變革，」許士軍如此分析周俊吉的成功原因。事實上，周俊吉創業的第一步，就是講求最基本的誠信。信義房屋創業不久，便明文規定，並強力監督員工絕不能賺取價差。

「當年我們這樣規定下來後，確實走了好些同仁，他們覺得這樣哪賺得到錢？而且別人都是這樣賺啊！」但周俊吉卻認為，也許短期靠欺騙價差等手段，是能賺得不義之財，但紙包不住火，終有被人發現的一天，加上壞事傳千里，一旦信用破產之後，哪裡會是企業長期的經營之道？

堅持不做一時買賣，而要做一輩子的事業

信任的微妙之處在於，人性是一朝被蛇咬，十年怕草繩，因而信任不僅極其珍貴，且需要真心呵護。但對周俊吉來說，信義房屋對買賣雙方誠實，只是最基本的事業原則，下一步他更要努力讓賣方也對買方誠實，好更加保障買賣雙方，終至創造多贏。

不過在當時，周俊吉要對抗的還有幾乎失序的經濟局面。一九八○年代末，台灣正上演「台灣錢淹腳目」的劇情，例如一九八七年年初，股市開盤時，大盤指數僅為

1063 點，但到了一九九○年，股市竟以瘋狂的速度奔上萬點，最高還來到 12682 點，呈現十分驚人的十倍成長。於是熱錢到處流竄，下一波被急速推升與炒作的，正是土地與房價。

在當時房價一年上漲一倍，還只是「正常」現象，最可怕的是，這樣高漲的態勢竟持續了數年之久。因此，當年的全民運動正是炒樓、炒股，在這個大時代的背景下，買房的人也出現了兩種極端態勢，一種是單靠薪水根本買不起房的年輕人，他們也因此發起「無殼蝸牛運動」的怒吼，集結五萬多位民眾，走上街頭抗爭。

另一種極端狀況則是，許多人純粹把房子當成飆股來買，有人擔心自己買貴，但更怕買不到，錯失明日的飆漲利潤。於是在房價可能一日數變、愈變愈高的狀態下，人人都想搶買房子，自然也就形成對買方十分不利的環境。

周俊吉當時心想，即便是花幾千塊買電視、冰箱等電

器，都會有精美說明書，但花費數百萬，甚至上千萬元積蓄購買的房子，卻連一張說明書都沒有，風險其實非常大。因為包含土地面積、權利範圍、屋況建材、實際坪數，甚至連房子是不是侵占公有地所建造的，都只能聽信賣方或仲介所言，而這也往往成為不動產糾紛最大的來源。

周俊吉因此到日本取經，在參訪三井、三菱、東急、住友等頗具規模與發展前景的房仲業後，他帶回了一個結論。他認為，信義應當發揮專業，在得到賣方的同意後，前往地政事務所調閱查詢資料，而後製成一份詳盡的「不動產說明書」。

然而，理想是美好的，但現實卻不盡理想。原來當年的賣方屋主，在大環境景氣過熱之下，根本無須花時間和力氣交代自己的屋況，因為房子十分搶手，通常很快就能賣掉，更何況一旦「誠實」坦言屋況，說不定還會被買方藉機殺價，因此，一九八九年時的賣方，幾乎都不願意配

合信義房屋提出「不動產說明書」。

　　加上每製作一份不動產說明書，還需要花上五千元的成本，以及大約一週的文件調閱申請時間。雖然五千元的成本是由信義房屋自行吸收，但也不是每位屋主都樂於等待一週的時間，這也讓推廣的難度更增一籌。

　　因此，信義房屋的同仁在幾次對外碰壁、得不到屋主的委託之後，不免回過頭來，向周俊吉反應屋主們的心聲，並期盼周俊吉能夠取消「不動產說明書」的制度。然而，周俊吉並沒有被說服，反而告訴同仁，大家其實應當換個角度思考，「不動產說明書」絕非只是單純保障買方，更是幫誠實的賣方省去日後可能發生的官司糾紛，所以其實是雙贏策略，賣方不會因此吃虧。

　　「賣房子我是外行，但假設你是買方，卻因賣方或仲介沒有誠實告知屋況，導致成交後才發覺，自己虧了數十萬元，甚至數百萬元，那這時就算你不想提告對方，你的

親友、太太卻很可能都會堅持要你非告不可！」許士軍認為，信義房屋提出「不動產說明書」的創新構想，其實是搭起了買賣雙方之間的信任橋梁。也因為是真的設身處地替買賣雙方著想，於是漸漸有些屋主開始被這份誠意打動，願意配合製作不動產說明書。

只是改變並非一朝一夕，在信義的堅持還沒有被更多人看見與理解的一九八九年，不僅股市上萬點，房地產也一路狂飆，所有的房仲業都賺得不亦樂乎，唯有信義房屋在那時仍處於小幅虧損。也因虧損，周俊吉還不得不去向友人借錢周轉。

雖然都是有借有還，但周俊吉的友人也發現，明明是房仲業大好的年代，周俊吉卻仍處於虧損，這位友人於是十分「夠朋友」的表示，他借款給周俊吉的資金可以慢慢還沒關係，甚至他還想幫周俊吉介紹新工作，因為如果同業都是大賺錢，卻只有信義房屋賠錢，不正是意味周俊吉實在不是做這行的料？

但所幸周俊吉堅持下去，並且依舊依循正道。時隔一年，一九九〇年，台灣股市竟從高點 12682 點，一路狂瀉，甚至跌至 2485 點，而先前被炒起的高樓房價，也應聲倒塌，跟著房市交易大幅萎縮，買賣件數衰退達四成之多，影響所及，最終約有三分之一的房仲業者無法撐過這波泡沫，就此倒閉退場。但竟然在這大環境信心潰散的一九九〇年，信義房屋開始賺錢了，並且從此再無虧損。

　　「我想主要是，以前覺得我們麻煩、不願委託我們的屋主，其實他們心裡還是信任我們的。所以當景氣反轉，房子不好賣了，民眾反而在這時候會更想到信義房屋，」周俊吉認為，也許正是信義房屋的態度不是做一時買賣，而是要做一輩子的事業，終讓民眾信任。

　　有趣的是，周俊吉於一九八九年提出的不動產說明書，起初只有少數同業跟進，但到了一九九九年，政府為了避免與日俱增的買賣糾紛，更明文規定所有不動產交易，都必須提出不動產說明書，而這無疑也說明了，周俊

吉的創新引領政府立法。然而，周俊吉並未自滿。信義房屋以「不賺價差」、「不動產說明書」等創新做為信義房屋打下「誠信」的文化根基後，下一階段的創新才正要開展。

一樣為人少知的是，信義房屋曾經持有的凶宅可能是全台最多。「在沒有人說謊、三方都無過失的責任下，民眾卻意外買到了凶宅，那該怎麼辦？原本購屋成家，很可能是他的人生美夢，卻就此有了陰影。因此這雖然不是我們的過錯，但我們仍要扛起責任，好好保護消費者，」這番思考讓周俊吉願意做「賠本」的生意，首創以原價買回凶宅，這是因為他在做決策之時，腦海裡所浮現的都是另一個「人」，是千千萬萬消費者的面貌與感受，而非帳面上的冰冷數字。

「提供漏水、海砂等保障，對企業來說，帳面上當然是負數，但是企業之力卻也遠比個人、單一民眾，要更有能力來面對這些衝擊。我想這也就是我們存在的最好理

由，為他人帶來信任與幸福。」周俊吉如此感性的認為。

人與人之間的信任很微妙。也許諸多購屋保障，在發生之前都不以為意，甚至根本聽過就忘，但只要遇上一次意外，卻發現有人在我們身後保護著，甚至比我們預期的還周到，那種信任是誰都無可取代的。

有趣的是，或許是信義房屋太過成功，因此後來每當信義房屋率先創新推出各式購屋保障後，都引起同業亦步亦趨的跟進。雖然頗像是被模仿抄襲，但周俊吉不僅不以為意，還樂觀看待，認為若有同業跟進，那對民眾、對整體產業，都是好事一件，同時也代表信義房屋所做所為是正確之事。

信義房屋的各種購屋保障就是在這樣誠信的堅持下逐漸完善，甚至在二〇一九年，信義房屋又創業界之先，推出了蟲蛀保固。這種通常得到裝修、拆掉舊裝潢之際，才會發現的白蟻等蟲蛀問題，信義房屋竟也都貼心保固，由

此可以看出信義房屋在保障服務上的用心與堅持。

不斷提供更專業的服務

不只是從立業的第一天信義房屋就展現創新的決心，信義房屋四十年一路走來從沒停過創新的腳步，因為他們深知自己要走的不是一條既有的道路，而是要讓房仲業有全然不同的面貌，透過不斷回應客戶的需求，以更多元的專業，讓客戶接受到更好的服務，產生無可取代的信任。

「或許是四十年的累積努力，讓我們已經到了很不錯的位置，但我們又很清楚，企業如果不持續回應客戶的需求就很容易被取代，更失去存在的價值，」信義房屋公關部經理楊雅婷指出，在公司內部同仁們最苦惱又最享受的樂趣，就是如何端出創新的想法，讓消費者享受到更好的專業服務。而在最近這幾年，信義房屋最創新的服務當屬「DiNDON」智能賞屋，而這個創新的發想點，一樣是為了客戶的需求而產生。

「有一些老公寓可能因為裝潢太老舊、雜物太多，不免遮蓋了原本的空間與風采，成為客戶的遺珠之憾，而我們的智能賞屋，不僅能線上看房，更能透過人工智慧的模擬，將原本的裝潢『換裝』成日式、北歐風、後現代三種風格，」信義房屋副總經理陳麗心笑著說，就像有些樸實的鄰家女孩在打扮之後，會變得氣質出眾或豔冠群芳一樣，不同的裝潢風格，也能為客戶帶來更多的認識與想像，更能看見家的感覺。

而創新的背後不只如此。過往如果要建構 3D 立體圖，必須使用昂貴的 3D 相機，而且十分耗時，三十坪空間約需一小時的拍攝時間，因此通常是樣品屋，或是高總價的中古屋，才享有這樣的待遇。但信義房屋為了服務客戶，不僅成立了專業的拍攝團隊，更開發出一套人工智慧進行圖片演算，讓拍攝團隊只需一般的單眼相機與約三分之一的作業時間，就能完成拍攝。而這套系統終也達成了普遍性，幾乎讓所有的物件，都能有智能賞屋的功能。

「除了『換裝』之外,還有 720 度全景觀看、2D 或 3D 鳥瞰圖、線上量尺等等。因為真的很方便,所以已經有客戶跟我們反應,表示以後如果沒有智能賞屋的房子,他就先不要看了,」陳麗心指出,若從數字上來看,從二〇二〇年十一月以來的半年統計,信義房屋已經增加了 2.5 倍的帶看量,甚至是 1.2 倍的成交量。

　　「提出創新的服務真的不容易,特別是要往哪裡去?但我們其實都知道,答案就是幫助客戶,甚至要達成他沒能說出口的期待,」周俊吉談到信義房屋的創新方向時,是如此堅信著。

社區服務不只為買賣而存在

　　不過令人意外的是,比起高科技的智能賞屋,其實近年最讓信義房屋為人津津樂道的創新,卻是強調「走心」的社區服務,而這也是信義房屋不同於其他房仲業者、最溫暖人心的獨特創新服務。

事實上，信義房屋從二〇一三年開始就透過社區服務，幫助鄰里民眾免費修補紗窗、為社區提供防疫用品、舉辦元宵節、中秋節活動，甚至與當地里長合作，一起為銀髮長輩們拍下別具意義的婚紗照等等，每位同仁都可以根據自己的專長或觀察，來為周遭鄰里提供服務。

　　人與人之間的信任很微妙，居民難道不會懷疑信義房屋服務鄰里善心的背後一切不過是為了銷售嗎？還有，若是信義同仁為了做志工社區服務，使得業績下降，又該怎麼辦？社區服務真的能得到上司的支持嗎？

　　二〇一三年，在信義房屋尚未以公司立場，大力推行社區服務前，高雄的某家分店就自發性的率先推動，當時的確經歷了一些魔鬼考驗。二〇一三年的聖誕節前夕，時任高雄分店店長、業績相當不錯的陳毓禮，決定試著先為鄰近社區免費布置聖誕樹，營造居家幸福感。雖然是免費，但最初點頭答應的社區並不多，人心對於這樣不求回報的善意都還是防備著。

陳毓禮印象深刻，有一回他們來到某一社區布置聖誕樹時，有一群爺爺奶奶起初也是遠遠觀察他們，後來當他們忙碌了好一陣子、天色暗下來時，正好也是點燈時刻，當溫馨的聖誕樹閃閃亮起，那群遠觀的爺爺奶奶都興奮的如孩子般的拍起了雙手，鼓掌喝采，並圍了上來，開始與陳毓禮他們話家常。

　　一盞燈，也點起了眾人的溫暖。而最讓陳毓禮難忘的是，即便他們身上穿有信義房屋字樣的背心或制服，但那群長輩仍問他們：「少年吔，你們是哪一家公司的啊？」陳毓禮於是深深明白，倘若民眾根本不想認識你，即使身上的制服再明顯，旁人也只是視若無睹。看著爺爺奶奶、大人小孩們幸福的圍著聖誕樹，陳毓禮更深信，自己是在做一件對的事情。

　　於是在新的一年，陳毓禮更與同仁們，把社區如家一般的經營。例如，元宵猜燈謎、萬聖節變裝、端午包粽子，或是中元普渡燒金紙，他們都會為社區舉辦活動或是

幫忙打點。陳毓禮回憶早年環保意識較不普及時，各社區往往在中元普渡時，會燒掉宛如一座小山的金紙堆，但偏偏中元普渡是在酷熱的八月舉行，頂著豔陽，加上被鐵網圍成的烈火烤著，實在讓不少上了年紀的社區管理員大感吃不消。

因而，他們的出現自然成為民眾的及時雨。就這樣約莫半年，陳毓禮發現有愈來愈多的社區民眾，願意撤下心防，樂於讓信義房屋的同仁前往服務，但陳毓禮的心中一直有個大石頭，原來過去半年，他們分店的業績不僅沒有絲毫成長，還大幅衰退了四成左右。

這景況實在有些像是當年周俊吉推出「不動產說明書」，即便立意雖好，但顯然需要時間，才能開花結果。但時間是公平的，當陳毓禮與同仁將時間花在服務社區和社區的大小活動上，特別是親子同樂和鄰居交流的活動，總在週末假日舉辦，而假日正是民眾看房需求最多的時候，拚業績的時間自然也就少了，業績自然滑落。

所幸陳毓禮是身在堅持「先義後利」的信義房屋。他的上司雖然看見這半年來他們分店業績嚴重衰退，卻仍支持陳毓禮繼續推動社區服務。於是陳毓禮對社區服務不僅沒有縮手，甚至愈做愈大，還與里長合作，辦起為「毛小孩」、寵物貓狗植入晶片的義賣園遊會，現場熱鬧而溫馨，當天甚至也邀請了弱勢團體前來義賣募款，所有的義賣品也在信義同仁的賣力吆喝下銷售一空。

　　陳毓禮後來更辦起了捐書活動。他邀請鄰里居民，將家中不看的童書贈予家扶基金會和偏鄉的六龜育幼院，許多居民在了解背後的初衷之後，都很樂意把童書拿下樓，放置於社區大廳，陳毓禮等人再開著借來的小貨卡前往收書，遠赴該地捐贈，眾人齊心協力做好事。

　　就曾有居民感性的表示，雖然孩子都大了，但這些童書他們就是捨不得丟，因為每一頁都是人生的回憶，然而，一堆書放在家裡又很占空間，所以能送給新的小主人，實在是很有溫度的做法。

信任是長期的過程，先問怎麼付出，再問收穫

就是這樣傻傻做、傻傻傳遞著幸福，最終陳毓禮所帶領的分店竟在隔年創下破天荒的佳績，二〇一五年時，他們奪下了信義房屋全台分店成交件數的冠軍，這不僅是該分店的最佳成績，更是全高雄地區前所未見的紀錄。

然而，社區服務與銷售業績到底該如何拿捏？又如何才能讓民眾相信，信義人的出現不只是為了銷售買賣？這確實對信義人是一大挑戰。

「有一次我在幫忙燒金紙時，有一位住戶跟我要名片，說有機會想找我賣房子，我這才發現，我居然連名片都沒帶，結果還被那位住戶笑說我到底是不是房仲？」陳毓禮笑著說，其實是不是真心為社區好，做久了民眾都知道，而如果是真心為社區好，當時間一到，房屋買賣與業績自然就會出現，一切不過順勢而為罷了。

原來，信義房屋的社區服務不只為房屋買賣而存在，信義房屋更希望透過社區服務，讓他們的存在為社區帶來更多的幸福。

「現代人因為都住公寓大廈，沒有過往的三代同堂，也沒大樹或廟口這樣的鄰里聚會地，所以都市人往往對鄰居非常陌生，但人心其實還是渴望連結，很希望家的範圍可以擴大到社區，或希望對左鄰右舍還是有些認識，」信義房屋總經理劉元智也指出，信義房屋的社區服務其實某種程度就是人與人之間的橋梁，讓家家戶戶在一次又一次的活動中，漸漸成為社區一家人。

而難得的信任，就是在這樣一次又一次的見面與認識中，慢慢落地生根。四十年來，信義房屋就是如此，寧願與業界方向大不同，屢屢以創新做為回應民眾的需求，並腳踏實地、一步一腳印的獲得民眾無可取代的信任。

人與人之間的信任很微妙，一份信任，連接的是幸福。

信義房屋的創新源頭，

並非是基於標新立異或好大喜功的思維，

而是期許自己必須持續在不同年代，

提出保障民眾、獲得民眾信任的新做法，

也因此成就了一連串為人津津樂道的創新。

第三章

與社會共好，

為土地種下希望

黑夜中，只要一點星光，就能指引方向。對偏鄉或弱勢族群，若能多一些資源，也許就能改寫他們不同的人生。

　　二〇二一年五月，當台灣新冠疫情突然爆發，感染人數每日數以百計增加時，台灣大學醫學院附設醫院雲林分院院長黃瑞仁也陷入了困局。面對疫情擴散，黃瑞仁迅速架設了各種管制措施，奮力將病毒阻絕於醫院大門之外，守護全院安危，然而最讓他擔憂的是，院內會不會早已有人感染病毒，並正於院內流竄散播著？因此，最好的解決方式，即是全院上下都進行檢測。

　　然而，當時的檢測費用換算後，台大醫院雲林分院得支付高達上百萬元的經費，而當時政府的法令並不給付這筆支出，但若要等到政策轉變、健保可以給付這筆費用再開始檢測，很可能一切為時已晚，政府法令有時因制度關係，很難及時回應民間需求，然而，這當中牽涉的卻是無數寶貴的生命。

就在黃瑞仁左右為難，甚至想找企業贊助之際，他恰巧在一場公益活動中，遇見了舊友，也就是信義房屋創辦人夫人王美文女士。向來熱心公益的王美文，不待黃瑞仁開口，就主動問他，疫情延燒下是否有哪些地方他們可以幫得上雲林分院？由於事關重大，黃瑞仁只好老實不客氣的將院內的狀況坦承以告，而王美文聽聞後也立刻表示稍晚她將與先生，也就是信義房屋創辦人周俊吉商議，並迅速回覆他。

　　黃瑞仁確實很快就收到了回應。周俊吉夫婦不僅非常支持黃瑞仁的想法，還願意全額贊助這項費用，他們甚至追問黃瑞仁，除了全院的檢測費用外，雲林分院是否還欠缺哪些防疫經費？內心充滿感動與感謝的黃瑞仁，為了不讓民眾暴露於染病的風險下，很快的增列了更多實際防疫所需，最後這筆善款金額高達數百萬元之多，不僅充實了雲林分院的醫療量能，也守護了全院安全。

　　「這筆經費實在是救命錢。除了經費迅速到位之外，

他們夫妻倆更是十分低調，這件善行沒有任何媒體知道，不僅完全沒有記者會，也沒有捐贈儀式。」原本是受邀分享二〇一五年信義房屋捐款七百多萬元善款給台大金山分院，用以增購心電圖、腦波儀、復康巴士等地方欠缺的基礎醫療資源的黃瑞仁（當時還是金山分院院長）指出，周俊吉與信義房屋總是低調的幫助偏鄉，援助最需要的人，讓他一直印象非常深刻。

「台灣不乏樂於捐款的企業家，但多數人喜歡捐給能見度高、曝光度也高的地區或單位。但其實相同的資源，假設都是一百萬元好了，用在偏鄉的效用往往是創造了從無到有、雪中送炭的改變，真的是拿來救命用的，」黃瑞仁感謝每一分善款，卻也坦言如周俊吉般的企業家，其實並不多見。

選擇信義，選擇一種生活方式

周俊吉如君子般的作為，深深影響了信義房屋企業文

化的建立。信義房屋向來堅持推己及人、與天下共好的理念，也因此，信義房屋內部一直有著「信義人→ 信義公司→ 信義社會」的價值願景，也就是希望每位員工都能先強調修身，讓自己有著高尚的品德與專業，成為一位信義人，再以此專業與品德為客戶服務，打造出信義公司，最後更是把這樣的精神分享到社會上，使天下人一起共享美好社會。

信義房屋可以說體現了儒家強調的「修身、治國、平天下」的思維，或者更簡單的說，選擇加入信義房屋，其實就是選擇一種與世界共好的生活方式。

而扎扎實實做公益，將資源優先提供給偏鄉或弱勢，如此雪中送炭的做法，如果看得更深一點，其實是周俊吉當年自身得以改寫人生的過程。如前面所說的，當年周俊吉就讀大學時期，正是因為有大學教授王寶輝的經費資助，才得以完成學業，甚至改變了他日後的人生選擇。

而深受王寶輝教授影響的，其實並非周俊吉一人。當年受過王寶輝教授幫助的貧苦學生，還有今日的名律師林信和。

　　當年因為阮囊羞澀，學生時代的林信和也借住過王寶輝老師家中，而他後來遠赴德國慕尼黑大學攻讀法學博士學位，學有所成後，許多國立大學都積極延攬他任教，但王寶輝老師當時卻建議他，如果他選擇去國立大學任教，只是為國立大學錦上添花，多一位歐陸博士教授罷了，但如果留在文化大學教書，對那些資源相對匱乏的學子來說，卻是影響極大，這些私立大學的學生很需要有如此視野與經歷的老師，於是林信和也就選擇在私立大學任教，嘉惠資源不如國立大學的學子們。

　　周俊吉也回想，自己創業大約第七年，經濟狀況較為穩定之後，曾經拿了十萬元要歸還王寶輝老師學生時代的資助與恩情。

「老師卻不收，反問這是『啥米錢』？還說他對當年借錢給我們的事情，沒什麼印象，」但最讓周俊吉感動的事還在後頭。原來不久後，王寶輝老師募款籌到了符合基金會成立資格的三百萬元，便成立了華岡法學基金會，好更有效率的幫助弱勢學子。

　　「那時的三百萬元價值非常大，可以在台北買一戶房子。而我更猜想，其實老師那三百萬元，雖然對外說是募款募來的，但大部分應該都是老師自己的錢，」周俊吉感動的指出，王寶輝從不在意自己的物質生活，卻對弱勢學子的生活狀況念茲在茲。

　　「老師帶給我們的信念很簡單，若有能力，就去幫助別人。這個信念很簡單，但其實有很多地方可以深思，」周俊吉舉例，有些人以為幫助別人看起來對自己沒什麼好處，還浪費了時間和金錢，倒不如全力追求公司成長，這也才是企業家的職責，然而，如果全心全意賺錢，卻不會讓人感覺到幸福時，那這樣的成長，我們還需要嗎？

與環境共好，才是真正的致富之道

周俊吉坦言，當物質條件跨過一定門檻後，必須懂得兩種平衡，才能真的成長。一種是自己與自己的平衡，也就是物質生活和追求金錢的慾望，如何與內在心靈取得平衡，明白金錢只是達成幸福的一部分，而非全部時，心靈才能真的安穩和樂，繼續往更高層次成長。

例如，電視上大企業家、大富豪為富不仁的新聞時有所聞，或是為了追求明明已經不缺的錢財而不擇手段的害人，最終登上社會版面，這些都顯示了過度追求金錢，是無法帶來真正的幸福，甚至會毀了一個人。

第二種平衡，則是人與天地萬物的平衡。因為如果為了追求金錢，破壞了社會信任，或是獲取不公不義的商業利益，摧毀了大自然，汙染了生態環境，那這兩種結局，都將讓自己自食惡果，就算不是自身深受其害，終有一天家人或子孫都將離不開這個結局。

或許就是將「幫助他人」的信念深植於心，周俊吉與信義房屋所投入資助的領域多元而豐富，而且往往愈是冷門、愈乏人問津，但影響層面廣大的領域，更是可見信義房屋穿梭其中雪中送炭。

　　一九八七年，台灣經濟快速起飛，熱錢到處流竄，但環保還是冷門議題時，周俊吉就受學長林信和的邀請，先是捐款挹注環保先驅團體「新環境基金會」運作，更於三年後成為該基金會的第二屆董事。在那個年代，許多企業都為了追求獲利，不惜犧牲環境，加上環保觀念尚未深植人心，各種公害事件層出不窮，而新環境基金會在那時，便扮演監督政府制訂政策與傳遞正確觀念的重要角色。

　　談起新環境基金會，周俊吉一直謙遜的表示，最辛苦的是主持基金會的柴松林教授與林信和等人，自己不過是以捐款來支持。然而一九八七年，信義房屋其實仍處於虧損階段，在沒有賺錢時，卻仍捐款支持環境永續，就可以看出周俊吉打從心底認同環保議題。

也因此，當信義房屋茁壯後，他更是積極投入環保，對於永續環境的貢獻不言可喻。例如，信義房屋的全民社造運動，自二〇〇四年開始，已經贊助了超過四百一十四個社區的綠色環保提案，贊助經費更是超過五千五百萬元，也因為這些的投入使得環保思維逐漸深植民眾觀念，甚至身體力行，其所創造的價值已經超越捐款本身，對這塊土地有著深遠影響。

二〇二〇年，林信和與周俊吉這對學長學弟，更是一同為環境永續奉獻出土地與經費。林信和捐出老家台南新營區姑爺里多達一千多坪的土地，做為紀念公園，一來紀念自己的父親，二來宣傳環境永續理念，而信義公益基金會則是認養這座紀念公園，推廣植樹與環境永續觀念，並與在地鄉親種下包括樟樹、苦楝、台灣欒樹、鳳凰木等一千六百多棵的樹種。

「現在永續環保漸漸變成一門顯學，也有人覺得我們一九八七年就參與環保是走在眾人之前，但其實古人更有

智慧，」周俊吉解釋，古人早就有所謂「竭澤而漁，豈不獲得，而明年無魚」、「斧斤以時入山林，材木不可勝用也」等先見之明，大自然的資源雖多，但如果不懂得生生不息，若一次就把魚抓光，那苦的是來年，再也無「餘」。

而這其實也是經商之道。如果惡意欺詐客戶，也許能賺得一時快錢，但未來不僅會有法律制裁，而且黑心的手法一旦傳出去，在商場上也將無立足之地。永續思維其實早已深植周俊吉與信義房屋的文化中。

參與人權基金會，建碑更建信念

寧願虧損，都要環保永續、都要做對的事情，周俊吉堅持正道，並非偶一為之。一九九七年，信義房屋剛開了第一百家分店，事業已小有成就，但在那時，周俊吉卻是甘冒身家風險，大膽與「人權」二字扯上關係。

如前面提到的，在一九九七年，政黨尚未輪替，白色恐怖雖是昨日夢魘，多少無辜性命因此消逝，更沒人知道白色恐怖是否會捲土重來，因此當時社會上對於談論「人權」二字仍有所忌憚，絕非如今日已成主流共識。然而那時，周俊吉卻應政治受難者柏楊之邀，在綠島興建人權紀念碑，這在當時社會還是有些風險，因為綠島正是當年羈押白色恐怖政治犯與思想犯之地，因而要在綠島建碑，意義非比尋常，有種試探政府底線的味道。

明知山有虎，偏向虎山行。周俊吉不僅是當時建碑委員中唯一的企業家，他更捐出了百萬元捐款，在那個社會風氣相對封閉、言論與思想自由尚未完全開放的年代，如此「異常」的舉措，其衍生風險不可謂不大，不僅可能打擊企業營運，恐怕連人身安全都可能受到波及，但周俊吉卻仍應邀參與。

但若沒有先行者的犧牲奮鬥，後來這塊土地上的人又如何享受自由民主？周俊吉認為，在他之前，有更多無數

的人權鬥士，他不過是略盡棉薄之力，雖是在一個可能有風險的年代參與人權建碑，但畢竟承擔的風險是無法與前人相比，而且正如柏楊所言，「可以原諒，但不能忘記。一旦忘記，暴政必定回來。」因此協助建碑，讓後來的人記得人權得來不易，正是他當下該做的事情。

也因此，周俊吉後來更成為人權基金會的董事。而他們也把人權的概念放大，不僅止於政治抗爭，更包含教育人權、醫療人權等先進觀念，甚至舉辦各種人權教育營活動，撒下明日的種子。

一個信任，改變的卻是許多生命的未來

一九九九年，台灣這片土地上發生了令所有人終生難忘的九二一大地震，這一震，震垮了許多人原本安穩平靜的生活。

九二一發生的隔日，時任陽明大學校長的曾志朗緊急

籌組醫療團隊趕赴災區，周俊吉立即請企劃部主管，也就是現在的信義房屋策略長周莊雲，隨著陽明醫療團隊先行赴災區確認狀況，火速聯繫台北，準備所需民生物資與醫療補給支援重災區。

幾日後，周俊吉也與他當時的特助、後來信義房屋的總經理劉元智，驅車趕往災區。「一來我們載著一些物資下去，也了解中部分店的狀況，二來我們有一位年輕同事，他的父母不幸雙亡於地震中，周先生要我務必去探視他，」劉元智還記得，當時災區道路崎嶇斷裂，車輛開不進去，所以他是騎著摩托車，不斷的繞路、找路，最後才抵達受災同事家中，表達公司深切的關心和慰問之意。

「周先生很在乎這件事情，或者說他很在乎每一位同仁，特別是這位受災的同仁，年紀很輕，才剛從學校畢業，周先生認為我們應當在這時候，盡力讓人感覺溫暖，」劉元智還記得，當時他深入東勢災區，找到這位同仁，確定他平安之後，還特別打電話回報周俊吉，而電話

那頭的周俊吉雖然不擅言詞，但可以感受到他放下了心中的大石頭，因為他等了這通電話很久。

　　也因為立即趕赴災區的行動，發現除了重災區之外，還有像是信義鄉這種未直接受災，卻因為災變阻斷所有的聯外道路，在經濟生計與社會心理上遭受重創的間接災區，周俊吉於是決定成立「信義至善獎助學金」，好幫助信義鄉的孩子們。不僅如此，二〇〇一年桃芝颱風重創南投後，信義房屋也隨即成立「信義之子安學計劃」，來幫助生活遭逢巨變，或父母親不幸罹難的孩子完成學業。

　　從二〇〇〇年參與第一屆獎學金至今，現任民和國中校長全正文感念的說，信義至善獎學金不論是對比國家補助，或是其他民間企業的捐款，都有很明顯的不同。他指出，來自國家的補助，往往會有資格上的嚴格限制，例如要申請補助的學子，父母親名下不能有土地或房子，但真實狀況卻是，許多孩子常常只因為家中持有一小塊不能賣的祖產地，就不能申請國家補助，即便孩子家中生活困

苦,營養失調,都無法申請,看在他眼裡,覺得簡直是本末倒置。

因此,全正文特別感謝信義房屋的獎學金,因為這筆獎學金不需孩子成績優異,也不需調查家中有無持有土地,而是直接由信義鄉各校的師長們自行討論決定。也就是說,信義房屋交由最了解孩子們狀況的校長、老師共同商議,哪一位孩子最該領取這份獎學金。

「成績好的孩子,通常家境也都不錯,所以早已有念書的環境。我們最珍惜、最想照顧的學生,是那些喜歡念書,但是礙於家境,卻可能連文具都買不起的孩子,」全正文表示希望獎學金能留給這樣的學生,也許能在不知不覺中改變他們的一生。

「因為也許有些孩子真的因為周圍的環境想放棄,因為他連文具都買不起,也對自己愈來愈沒自信,」全正文深深了解,有時候一份無所求的獎學金、一次讓孩子站上

講台領獎的機會，也許在大人眼中看起來沒什麼，但改變的卻是孩子看世界的眼光。

事實上，不僅如此，信義房屋與其他民間企業捐款的不同在於，當信義房屋與師長們商議受獎者後，就會讓每一位受獎同學都上台領獎。

「信義房屋的員工每年都會由各地來到我們信義鄉，親手頒發獎學金給我們兩百多位學生，」全正文表示，讓孩子們站上舞台，與信義同仁眼神交流、親手接過獎學金，這對山上的孩子們來說，是一種莫大的鼓舞與肯定。

由於信義鄉大多是布農族族人，而布農族族人個性多半內斂，不擅言詞，但卻很努力做事，而這點似乎與周俊吉個性相似。「像是頒獎或有其他活動時，如果周先生有來，我們出於禮貌，也會問他要不要邀請媒體朋友出席？但周先生那邊的回答，總是希望低調就好，」全正文更透露，周俊吉雖然低調行善，卻常常帶著他的企業家友人一

起來信義鄉共同行善，將愛心不斷擴散鄉里，並且愈做愈大。

「所以像我們住宿孩子們的營養晚餐、跆拳道設備等等，就是由周先生所介紹的企業家友人、榮成紙業的鄭瑛彬董事長愛心贊助，」全正文充滿感謝的表示，或許下一個站上國際體壇的台灣之光，就是出自這些捐款善行所培養出來的孩子，讓他們有了全然不同的未來。

企業的高度來自對待社會的態度

從偏鄉醫療、環保永續、人權教育，再到援助九二一災後學子，這遠還不是信義房屋對台灣社會投入善舉的全部。

事實上，信義房屋還有兩項重要的公益投入，一是積極推動至今已投入超過四億元捐款的全民社造運動——「社區一家」計畫，另一項是捐款金額超過七億元的政大

公企中心改建，與政大攜手共同推動的企業倫理教育計畫。

「我想這也是為什麼信義房屋與周俊吉會贏得所有人的尊重，」台灣管理教育之父許士軍教授坦言，或許信義房屋的營業額與電子科技業相比不算太高，但周俊吉卻屢屢贏得「台灣執行長 50 強」、「國家卓越成就獎」等大獎，信義房屋甚至成為唯一拿過「總統文化獎」的民間企業，這些都可以看出一位企業家內心看重的是什麼。所謂企業家的風範，自然不是比誰賺多少錢，而是誰能夠贏得這個社會的信任與尊重。

也正因為周俊吉的善行捐款，是不求媒體曝光與快速回報，所以他堅持的各種重要的理念，也漸漸從乏人問津到今日深受各界的尊敬與認同。

事實上，從一九八〇年代末期，周俊吉便開始推行企業倫理教育，但那時教導企業倫理的教授十分孤單，這個

領域一直是個冷門學科，所幸有周俊吉不斷的支持，協力將這星星之火延續下去，才有時至今日企業倫理、企業社會責任成為大家奉行的重要價值。例如，光是二○二○年，在台灣就有超過六百家企業，推出年度企業社會責任報告書。

「而且周俊吉不只是捐錢，他更是在經營企業、帶領員工的時候，就把他的先義後利等理念，一一運用在其中，」許士軍強調，如果只是捐錢，但企業營利過程中卻屢屢破壞環境與社會，那樣的企業家也不可取，就等同會家暴、虐待妻小的先生，雖然有賺錢回家，卻肯定不是個好丈夫、好爸爸。

許士軍認為，周俊吉在經營企業、獲利的當下，也同步改寫了房仲業陋習，並透過捐款與參與，讓這個社會的偏鄉弱勢、冷門學科、重要議題，逐步獲得翻身機會，如此兼善天下與自身，正是第一流的企業家。周俊吉與信義房屋的努力，經過長年下來，不只自己開花結果，事業有

成，更改變了台灣腳下的這塊土壤。

先義後利滋潤了道德貧瘠的土壤

而另一個讓許士軍大力稱道的是，信義房屋在投入公益時，往往是邀請同仁一起參與，並且提供所謂的志工假。也就是每年每位信義同仁，都能享有一日的有薪假期，並前往各地成為志工，為社會付出。

周俊吉認為，鼓勵同仁成為志工，其實是每一個企業都可以考慮採行的做法。「當同仁們願意去關心別人、照顧別人，他的收穫其實會非常多，自然企業也會受益。而且我相信，願意為別人付出的人，在自己的工作上，一定也是盡責認真，」周俊吉認為，願意手心向下、先去付出的人，最終獲得的能力，往往超出想像。

若說先義後利改變的是土壤，那麼信義房屋的另一個理念「以人為本」，就更是用心對待每一顆種子，好讓他

們能在先義後利的豐厚土壤上，日益茁壯，終成青松翠柏。

　　接下來的第二部說的正是信義房屋「以人為本」的經營之道。事實上，周俊吉當年的創業之路，雖有崇高理念，卻苦於無法落實，資深業務同仁對他的道德追求、先義後利等理念，往往是左耳進、右耳出，一直到一九八六年，周俊吉下了一個關於企業人才的決定，才翻轉了信義房屋後來的命運。

信義
精神

當物質條件跨過一定門檻後，

必須懂得兩種平衡，才能真的成長。

一種是自己與自己的平衡，

也就是物質生活和追求金錢的慾望，

如何與內在心靈取得平衡，

明白金錢只是達成幸福的一部分，而非全部時，

心靈才能真的安穩和樂，繼續往更高層次成長。

第二種平衡，則是人與天地萬物的平衡。

第二部

樹 人

以人為本的經營之道

治天下者，以人為本。

《貞觀政要》

「以人為本」，或許就是因為這四個字看起來太過簡單，所以容易讓人對這四個字有了錯誤迷思。所幸信義房屋四十年來，每一堅定的腳步，都印證了以人為本落實於企業經營的真正意涵。

以人為本，這看起來充滿大愛、相當「佛系」的用語，不免讓人誤以為，只要有一顆仁慈柔軟之心，應該就能輕易做到。但其實若要真正做到以人為本，更需要具備一顆堅毅之心。例如，如果在推動以人為本的重要制度時，卻碰上全公司同仁都以辭職做為要脅抗議，那麼是該退讓、委曲求全？還是「自反而縮，雖千萬人，吾往矣」？這正是周俊吉在草創時期，遭遇到的真實挑戰。

一九八六年，周俊吉為落實「先義後利」、「以人為本」等理念，他決意大刀闊斧改革公司的薪獎制

度。原來過往房仲業業務的主要報酬來自於成交後的高額獎金，但底薪卻偏低，如此制度雖能激勵業務同仁追求成交，但顯然也會造成許多問題。

例如，業務同仁若連續兩、三個月沒有成交物件，那在收入與生活上不免面臨沉重壓力，而這一財務壓力自然容易迫使同仁鋌而走險，採用各種方式，甚至是欺騙客戶的不當方式。

追求高額獎金，就不免將客戶與成交當成肥羊。除此之外，追求高額獎金，同事之間也容易勾心鬥角，將客戶視為自己的私有財產，保密防諜、嚴守資訊，在這樣的狀況下，要談團結合作實在是異想天開，企業上下也難有向心力，於是最終連客戶也得不到完整服務，更遑論「以人為本」等遠大理想。

為此，周俊吉決意不再以高額獎金做為魔鬼引誘。於是他調降個人獎金，並增加團體獎金與調升個人底薪，希望以此讓同仁們即便連續數個月業績掛零，也能因享有高底薪與團體獎金，而不會因為經濟壓力，以至於走偏行徑。

而增設團體獎金，更是讓同仁們願意協助彼此，畢竟若你的成交，我也能分享獲利、榮耀，那麼同事之間便不再是敵人，而是真正的自己人，客戶們自然也跟著受益，得到最完整的服務。

而高底薪設計的背後，其實是一份尊重人才的心意，而非把同仁當成賺錢工具。周俊吉心中想的，絕非是找來一批人才做為搖錢樹，若搖不出錢，就砍了，再換一批人。而是想著如何百年樹人，思考企業如何讓優秀的人才得以不斷精進、成長，成就

一生的志業，共同創造美好的社會。

然而，當年周俊吉雖然提出立意良好的「低獎高薪」做法，卻遇到了幾乎所有業務同仁的強力反彈，紛紛遞上辭呈，以示抗議。原來當年周俊吉創業之時，未滿二十八歲，而他旗下的業務同仁，卻清一色都是房仲業老手，他們早已習慣為高額獎金拚搏業績的制度，因而不願接受新變化，更表明倘若周俊吉要「一意孤行」，那他們只好拍拍屁股走人，畢竟當時整個房仲業都是高額獎金制度，鼓吹業績英雄，只有信義房屋像是「慈善機構」。

認定以人為本才是一切的根本，周俊吉不僅有仁心，更有堅毅之心。於是即便在當時，幾乎所有同仁都選擇離去，甚至臨開店前，只剩下周俊吉夫婦與另一位同仁，但周俊吉仍以大魄力堅持，落實以

人為本的制度。而當「道不同」的員工離去後，信義房屋看似人去樓空，但其實卻是浴火重生，嶄新的事業篇章才正要開始。

以人為本看似簡單，但得兼具細心與決心，才能達成。除了得先細心體會，員工的真實處境和人性的需求，還要再以堅毅的決心完成改革，方能邁向以人為本的序曲。

另一個關於「以人為本」的迷思，是許多人總認為商場如戰場，企業一切當以業績為重，特別是以人為本的效益實在難以估算，不知何時方能回本，所以不如就當精神口號，大聲喊喊即可。又或者自己培育人才，實在緩不濟急，直接挖角有經驗的人，不僅省去訓練成本，又可替公司帶來即戰力，並且讓競爭者損失大將，何樂而不為？

然而，信義房屋則是宛如教科書般，寫下以人為本的成功教案。一九八六年，當信義房屋又回到起點，只剩下周俊吉夫婦與屈指可數的同仁時，周俊吉下了一個決定，他要從零、從白紙開始培訓講信重義的人才，因為即便慢，但只要信念對了，加上不斷努力，終究會開花結果。

因此，信義房屋從那年開始，只錄取毫無房仲經驗的大專新鮮人。這在當時實在是不被同業看好，一來同業認為若等周俊吉訓練好，不知道都花了多少時間成本，二來同業也等著看，倘若信義房屋將人才訓練得不錯，個個將才，那他們再逐一挖角帶走即可，可以省下大筆訓練費用。

那麼，信義房屋到底如何訓練人才，才能在專業上和服務上皆能領先其他業者？而更重要的是，以人

為本、百年樹人的人才培訓，到底對企業和社會有沒有作用？

自行培育人才約莫一年多之後，雖然離當時的領導業者，在營業額與分店數上，差距仍是十分之大。但由於信義房屋的創新做法與經營理念都迥異於既有業者，周俊吉因此受邀參與台北市仲介公會，並獲選為第一任的常務理事兼法規委員會主委，同年更應主管機關內政部之邀，出任台灣「不動產經紀業管理條例」的起草委員。

那幾年，除了逐漸在同業間嶄露頭角，周俊吉還曾受邀參與當時黨國一體的「革命實踐研究院——地政幹部講習班」培訓，這個高階講習班先後舉辦過兩次，第一次僅限公務員參加，第二次開始接受若干民間學員，周俊吉則是房仲業唯一的受訓代表。

這種種跡象與扎根都顯示，信義房屋雖然當時規模仍小，但其迥異於同業的經營特色，已經逐漸受到社會矚目，並在一九八九年贏得一個重要指標獎項，隱約透露出信義房屋日後不可思議的事業逆轉勝。

那是《突破》雜誌在一九八九年所進行的各行業銷售力調查。在七個指標中，有四項是由當時的房仲業龍頭贏得第一，包括開發新客戶能力、產品知識力等等，而剩下的三個指標，則全由當時仍是房仲業的小蝦米的信義房屋拿下，而值得注意的是，這三項指標全都與人才有關，包括了招募人才、訓練人才與留用人才。

治天下者，以人為本。隨後，信義房屋在一九九四年的《天下雜誌》一千大企業大調查中，首度奪下

房仲業營收第一名，至今二十七個年頭屹立不搖。

以人為本，不只是口號，更是信義房屋商場上的重要心法。而自己培育的人才，雖不免零星被同業挖角，但信義房屋的人才留用率仍是遠遠領先業界，因為百年樹人雖慢，但根基終將難以動搖，終至樹大根深，基業長青。

以人為本還有另外一個迷思，那就是誤以為只要建立標準制度，一切就可以有所「本」，所有問題就都有標準答案。但既然以「人」為本，就不難理解，只要是人都會犯錯，因此沒有永遠的滿分，只有永恆的追求。

如二〇一四年，信義房屋為了帶給忙碌的城市人童趣純真，特別與繪本畫家幾米合作，以《月亮忘記

了》繪本為主題，在台北 101 大樓對面、信義房屋總部門口，設置了一輛交織夢幻與真實的「月亮公車」。裡頭點滴用心，將幾米的療癒繪本作品，真實還原於信義區街頭，因此短短一個多月，參觀人數就突破四萬多人。

「月亮公車」充滿了人本精神，讓諸多參觀民眾喜出望外，在繁華、但不免孤寂的城市裡拾回溫暖與想像力，但這樣就是信義房屋認為的滿分嗎？事實上，不只一位信義同仁反應，當他們也跟著人潮、搭上「月亮公車」時，卻發現了有極少數民眾敗興而歸，原來這班公車尚沒有無障礙設施，因此，倚靠輪椅移動的身障朋友們，實在難以進入。

在同仁們的建議後，信義房屋立即從善如流，趕在聖誕節前，完善升降裝置，並且保留專門時段，讓

身障朋友們能夠預約專屬參觀的時段。

「這就是我們追求的價值。因為我們是『人』，不可能永不犯錯，即便是做好事都可能犯錯；但如果保持以人為本的心態，那一定能夠不斷進步，」追求遠大理想，但周俊吉不是大唱高調，而是深深明白，得從日日、時時，每一小步做起。

事實上，每回當有人於周俊吉面前，稱讚自己被信義同仁所提供的良好服務所深深感動時，周俊吉總非眉飛色舞或是跟著自吹自擂，而是想著如何能更提高「良率」？倒不是信義房屋人才良莠不齊，事實上，信義房屋曾多次連續拿下各種服務業調查大獎（如《遠見》雜誌「五星服務獎」等）。

希望不斷提高服務品質，是因為周俊吉深知，資優

生也是人，也有可能犯錯的時候。「我們每日每日灌輸正確信念給所有同仁，但終究不能保證，每一刻同仁們的表現都是完美無缺、百分百體現價值，例如也許同仁今天比較累了，笑容就不如昨日溫暖。這雖都是人之常情，但我們能做的，就是不斷鼓舞同仁，以人為本，止於至善。」事實上，連周俊吉自己所寫下與社會分享經營理念的好書，都取名為《還可以更努力》，就可以明白周俊吉追求至善的信念。

不僅如此，周俊吉堅持以人為本的經營信念，也改變了許多信義員工的人生。房仲業是極為辛苦的行業，不僅工時長，壓力大，但為何仍有許多人會選擇這份工作？

「坦白說，早年很多進入房仲業的年輕人，特別是

大專畢業的，多是因為經濟重擔，想要改變上一代的生活、自己的命運，為想像中的高薪進入這一行，」信義房屋協理郭禮偉坦白分享，自己當初的動機就是如此，但讓他覺得非常幸運的是，雖然自己與不少同梯都是為錢而選擇房仲業，但他進入的卻是信義房屋，遇見了堅持先義後利、以人為本的周俊吉先生。

「其實不難想像，那時我們年輕不會想，一心想拚高薪，所以要走偏差路，是非常容易的，大概一個小小引誘就踏進去了。但還好，『不小心』選到信義房屋，先獲得了正確價值觀，然後薪資也有賺到，而且是心安理得的那種，」郭禮偉深深明白，人性並非完美，但所幸他遇到了信義房屋。

有趣的是，這幾年進入房仲業的年輕人，倒不一定

為了金錢，比較多是為了改變社會而選擇留在信義房屋。例如，好幾位剛進入信義房屋的年輕員工都坦言，他們進入房仲業，主要是想學習業務能力、開拓視野，原本只打算待一年左右，就要另謀高就，但卻沒想到，因為信義房屋推動的社區服務，使他們與在地居民有了情感連結，並真實帶給了居民們溫暖歡笑。

例如，他們與當地里長合作，幫銀髮長輩拍婚紗，年輕的信義同仁揮汗搬著桌子、礦泉水，而且常常是從巷尾搬到街頭活動中心，但大學剛畢業的他們卻不以為苦，反倒覺得這是以自己的汗水來幫助這個世界的美好體驗。

第二部中將可看到信義房屋如何用四十年的歲月，秉持以人為本的信念，先立人，再立企業，進而影

響社會的過程，了解他們如何將員工視為家人，重視人才的發展，引領員工成為更好的人。而員工也因為受到應有的重視，將以人為本的信念擴展到客戶，始終以客戶為尊，成為客戶心中的首選夥伴，再將這樣的信念推展至社區，與社會共好，終成台灣良善文化的一部分。

第四章

成就夥伴：
陪你練飛，
看你翱翔

武俠小說中，常會出現主角明明是來拜師練武，但高人卻不教他拳腳招式，每日只讓他靜坐吐納，苦蹲馬步，甚至挑水砍柴。不知就裡的主角，數年後，竟能在危難關頭，展現出驚人武藝。此時方知，原來師父傳授的，竟是渾厚的底蘊與內力，這般深厚的內功，使其就連摘葉飛花，都能威力十足。

　　類似的劇情其實也發生在信義房屋。例如，一九八九年就進入信義房屋，從程式設計人員做起，現今已是信義房屋副總經理的陳麗心，就曾有過這樣的經歷。

　　在信義房屋資訊部門任職十七年後，陳麗心早已是該部門最高主管，但有一日，周俊吉卻安排陳麗心與他懇談。而更特別的是，周俊吉表示自己是以朋友，而非主管的身分，與她展開一席談話。原來周俊吉認為，陳麗心在資訊部門的資歷已十分充足，因此對她個人而言，若能轉換職務，增加陌生領域的歷練，不僅對她的職涯會有幫助，更能豐富她的人生視野。

那時，周俊吉提供了三個選項讓陳麗心思考，一是她可以選擇前往上海分公司擔任幕僚長，二是繼續安穩留在原職位任職，三是前往業務單位歷練。陳麗心當下很感動，知道老闆是真的把同仁當家人，在乎同仁們是否能有成長。因為十年前周俊吉其實就推薦她去念EMBA進修，好帶領資訊部門，而如今周俊吉又從她的角度，給了她人生建議。

　　幾日後，當答案從陳麗心口中說出後，看到周俊吉臉上詫異的神情，陳麗心知道是因為她選了一個難度最高的挑戰：她要前往業務單位接受全新的挑戰。在此之前，陳麗心其實從未接觸過業務工作，除了部門同仁外，她朝夕相處的多半是電腦與機房，而業務工作卻是要在陌生人面前侃侃而談，因此，這對當時的陳麗心來說，難度其實非常高。

　　由於陳麗心原為部門主管，周俊吉自然安排了與部門主管職銜相當的區主管位置，讓陳麗心任職。

「擔任區主管表示會有很多機會要在眾人面前說話，但其實那時候，即便只是對自家同仁說話，我真的都會緊張到不斷發抖，」回想當年青澀的自己，陳麗心笑著說，因為她當時不僅面對人群會萬分緊張，那時她連參加業務會議也是一直勤寫筆記，因為幾乎所有業務術語，她全都一竅不通。

剛開始陳麗心像是「鴨子聽雷」，吃力適應著這份新工作將近三、四個月之久，但神奇的是，陳麗心帶領的區域逐漸漸入佳境，幾年之後，她甚至因為業務成績表現傑出而獲得升職，讓她從帶領店長，變成帶領區主管。陳麗心究竟是如何辦到的？為何一個從沒做過業務的資訊部同仁，竟可以勝任業務工作？事實上，這裡面潛藏著信義房屋的人才培育及用人祕訣。

管理不是管人，是引導

其中緣由正是因為陳麗心過往在信義房屋十多年來，

雖然只是在資訊部門任職，卻早在不知不覺中，累積一身渾厚功力。而這份驚人功力，並非業務的技巧或專業，而是信義房屋的重要信念，諸如「先義後利」、「以人為本」、「正向思考」，因此，即便是在全然陌生的業務領域，但每當陳麗心遇見問題時，她都能直覺的以信義向來重視的根本理念思考問題，因此不但解決了當下的問題，更幫公司立下更好的制度。

「坦白說，雖然以前就知道企業文化很重要，但真的經歷過才知道，原來理念可以讓我在實際的業務工作上，產生這麼強大的力量，」陳麗心分享，每當有店長或其他同仁需要她幫助時，她雖沒有業務經驗，卻能憑藉著心中的信念與價值觀，不斷抽絲剝繭，反問同仁問題，找出問題的核心點，逐步引導同仁想出最適合的解決方案。

「所以可以這麼說，有一種領導方式，叫做『引導』。特別我們是以人服務人的行業，不可能事事細節規範，所以最好的策略，就是把價值觀深植大家心中，然後

等待各自表現，」從資訊主管成功轉戰業務工作，陳麗心的經歷無疑說明了理念二字看似雖虛無縹緲，卻是如同內功一般，價值連城，影響深遠。

而陳麗心絕非特例，就連信義房屋總經理劉元智，也有類似的經歷。原來在劉元智升任總經理、帶領四千多位業務同仁之前，業務經歷也不算太多，甚至他的上一個職位，還只是帶領人數不多，在集團中比較像是配角的居家服務中心部門。

而一夕之間被拔擢為總經理，也正是因為周俊吉與信義房屋以心看人，認為劉元智的處事態度、理念價值觀已然到位，所以提供這個舞台，讓對的人才有更好的發揮。

尊重員工的選擇，就會留下對的人

如果濃縮信義房屋的用人策略，會發現主要有兩大重點，第一是用心找到理念相近的夥伴，第二則是透過人才

不斷深化、傳遞信義房屋的理念。

信義房屋在找人上十分謹慎與用心，例如當年的陳麗心，雖然只是應徵最低階的程式設計人員，但她光是面試就走了三關，最後更是由大老闆周俊吉親自面談。

「那時很特別，不是周先生問我問題，而是他跟我談理念，談他對房仲業的願景，」陳麗心回憶，那時以第一名在校成績畢業的她，其實有幾份較高薪的工作可以選擇，但後來她選擇了信義房屋，正是因為認同周俊吉的理念，雖然起薪較低，甚至回家還因此被媽媽略微責備，但她依然選擇加入。然而事後來看，陳麗心不僅職涯豐收，在薪資回報上也是做了正確的抉擇。

在以業務為重的房仲業，信義房屋卻連對資訊人員都講求理念，自然可以看出他們更看重對業務同仁的要求與訓練。事實上，信義房屋在聘用業務人員時，總不斷創新制度，希望能更精準找到對的人才。而同業中的業績明

星、獲利大將，各家競爭者往往都是爭相聘請，甚至願意高薪挖角，但信義房屋卻是一律謝絕。原來為了杜絕業界惡習，信義房屋寧可從白紙一張慢慢教起。

「人與人之間，其實都是互相影響、改變著。如果良善、誠懇的人多了，整個社會就容易往正面方向發展，而企業也是，」信義房屋的倫理長楊百川指出其中關鍵，如果錄用一位行為或想法負面的員工，隨著時間過去，一位員工感染與影響的卻可能是整個企業，因此慎選人才絕對是企業必須重視的。

事實上，在過去也曾發生過，周俊吉的企業友人，甚至是周俊吉父親推薦的人才到信義房屋任職，但在面試後卻未被錄取的案例。楊百川指出，較低、較嚴謹的錄取率，正是信義房屋同仁的離職率能遠低於同業的重要基石。甚至新人被錄取之後，信義房屋仍在進行挑選人才的過程，只是這一回，他們更將主動權交給新進同仁自己。

原來從二〇一五年起，信義房屋開始推動創新的「5+5」人才方案，也就是新人剛進來的第一個月，不僅享有五萬元薪資，而如果新人在第 30 天時，發覺自己與信義房屋的理念並不相同，若最後選擇離職的話，信義房屋除了付給他五萬元薪資外，還會再提供五萬元的轉職金。

　　然而，一個月付出十萬元的薪資代價會不會太高？又會不會有人混水摸魚，專程為了十萬元而來？周俊吉反向思考，認為一來若這十萬元，是用來鼓勵年輕人在人生第一份工作就應當「立遠志、行正道」，其實是非常划算的。二來，「吃虧就是占便宜」，如果新人在第一個月，就已經發覺自己的房仲美夢原來只是「過度期待」，但礙於工作難找，或是沒錢繳房租等現實因素，一時躊躇、離不開信義房屋的工作，那這不論對新人，還是對信義房屋來說，都是雙輸。

　　從創業的第一天開始，就堅持「以人為本」、「先義後利」，不僅讓周俊吉在用人之際，考量的不只是自家企

業，也相信即使多付出一些薪資，也要只留下對的人，才是最有遠見與魄力的做法。

　　然而，每個人才都不同，有的新人可能第一個月就開竅，但也有的員工必須等待更多時間才能開花結果。為了不錯過大器晚成的員工，信義房屋也提供所有新人在前六個月，都享有固定五萬元底薪的優渥保障，好讓新人以適合的速度前進，逐漸成為理念相契、適才適所的信義人。

找對夥伴，再薰陶價值理念

　　費盡心思找到夥伴後，信義房屋的下一步即是理念薰陶。「基礎與進階的教育訓練、證照法規等專業訓練，這個我們當然都有，但信義房屋最可貴的是，每一日身在職場都是我們的訓練日，」倫理長楊百川指出，企業在每個工作日裡都抽出時間強化職能與理念，才是最有效率，而且終能點滴穿石。也因此，信義房屋十分重視業務同仁的早會與晚會。

「同仁們在外工作，難免有挫折、情緒低落之時，因此傍晚下班前，店長都會召集同仁，一來分享工作資訊，二來更是整理同仁們的心情與思緒，好讓大家的狀態又回到初心，甚至因為挫折而強大，」由於人的情緒難免反反覆覆，或許睡了一晚之後，情緒又會回到先前的低落，因而信義房屋也非常看重日常的早會，寧願每天先花時間確保、整理好同仁的狀態，再進行一天的工作，也遠勝過讓同仁心情混亂、六神無主的在挫折中迷航。

　　而除了每日早會、晚會，信義房屋還會定期召開全國月會與業務會議，楊百川統計，在信義房屋如果是店長職級，一年約莫要參與四、五百場會議。

　　「這麼多的會議，確實很花時間，所以我們更不斷精進開會技巧，好讓每一場會議，都能讓同仁帶走或帶來收穫，」楊百川強調，房仲業所服務的客戶都帶著成家的夢想，而且金額之大，容不得半點閃失，因此投資時間開會、日日灌輸信義理念，乍看雖然花費時間，但其實正是

把時間花在最重要的事情上。

　　只是「理念」二字，雖然影響深遠，但有時不免虛無縹緲，難以確切掌握，為了確保行為即理念，信義房屋更與台大心理研究所合作，以數年、數百萬元的經費與時間，開發出一套科學的量測系統。這套系統能用以分析行為背後隱藏的理念為何。

　　例如，主管做了哪些事情或決策，這些領導行為是真的以人為本，或只是把同仁當成賺錢工具？信義房屋即是以這樣的科學量測系統，更有效的幫助員工精準的實踐理念二字。

　　而倫理長楊百川也強調，這套量測系統雖然要價不菲，也有一定的精準度，但這絕對不是拿來考核同仁，打考績之用。因為如果是拿來打考績，同仁在有壓力的情況下量測，效果難免失準，也就失去了真正的目的。這套系統其實只是拿來輔助同仁，好讓同仁在每個行為中，都能

依循和強化信義房屋的理念。

發自內心認同，體會付出是一種獲得

事實上，信義房屋就連員工福利也是本著「以人為本」的心念來規劃，最顯著的莫過於，公司自二〇一三年開始實施「生育第二胎（含以上）獎勵 12 萬元」的措施，直至二〇二一年，信義房屋已有超過 1700 個（含第一胎）新生命報到，發出超過 7200 萬元的育兒津貼。

周俊吉指出，帳面上的成本還只是一部分，由於公司非常鼓勵同仁生育，所以自然也很鼓勵同仁使用育嬰假、陪產假，但這對企業來說，勢必會有業務交接、人力支援等隱形成本產生。「但如果真心『以人為本』，把同仁當夥伴，我覺得我們該做，」周俊吉微笑回憶，曾有懷孕的同仁遇到了他的太太王美文女士，就驕傲的指著肚子，對王美文笑說：「這個、這個，十二萬喔！」

事實上，在過去或是其他企業，不見得很鼓勵員工生育。周俊吉就坦言，以往很多婦女懷孕後，往往戰戰兢兢不敢讓公司知道，因為就怕被公司找藉口開除，因此很多幸福的懷孕反而變成職場壓力。事實上，光從信義房屋實施的幾年後，就獲得當時的內政部部長親自到信義房屋頒獎表揚，就知道信義房屋的確與眾不同。內政部是房仲業的主管機關，部長親自來嘉獎民間業者表現，褒揚內容卻不是本業成績，而是業者如何照顧員工、鼓勵增產報國。

　　而信義房屋另一項特別的福利，則是員工每年都有一天的帶薪志工假。公司不僅給假，還會主動安排許多志工活動讓同仁們參與，包含進入山區為孩子們說故事、彩繪偏鄉校園圍牆、淨灘撿拾垃圾、彎腰插秧等活動。而活動所需的交通接駁、飲食費用，也全都由信義房屋支付。最特別的是，每每這些志工活動一推出，名額馬上就被同仁「秒殺」搶完。然而，這樣舟車勞頓的志工活動，為何如此受信義人的歡迎？

或許正因為帶希望給別人時，獲得更多收穫的往往是自己。例如，一位台中的信義員工黃富揆，讓他印象最深的公益活動，是在二〇一八年，他隨著信義文化基金會來到因九二一地震受創嚴重的信義鄉，親手頒發獎助學金給一群當地的孩子們。

　　「短短一天，感觸很多。我突然明白，也許九二一對我們只是一個二十年左右的記憶，但對失去父母的孩子卻是一輩子的影響。而當我看見自家公司是持續十年、二十年在援助這些孩子們，也讓我更深信公司的種種理念。」黃富揆靦腆的表示，或許是受到公司理念長期影響，他平日也會參與幫助弱勢孩子們圓夢的活動。

只要有心，人人都可以是經營之神

　　培育人才雖然沒有停止的一日，卻有值得慶賀的變化。對信義房屋來說，當同仁們吸收「以人為本」等信念後，周俊吉最期待的，並非同仁們一切死板的按照標準作

業流程進行，而是深深期待大家能以信念為心法，將既有的準則視為大方向，然後以各自的方式，展翅翱翔，精采表現。

例如，志工活動中，最讓周俊吉欣喜的，莫過於二〇一三年的「單車傳愛，我很幸福」的活動。因為這並非由企業端推動，而是由信義內部一位執行協理謝宗憲所發起，卻吸引了三十多位信義夥伴共襄盛舉，一同騎車環台十天。而在這三十多人之中，許多都是在信義房屋內部裡赫赫有名的業績天王、天后，但他們卻願意為一項公益活動告假十天之多。

他們冒雨破風，往目標前進，愛心也跟著風雨出發。從第一筆來自水果攤老奶奶的百元善款，沿路得到信義分店同仁的大力支持，最後成功募得三百多萬元，而後周俊吉更是捐出了與同仁們募款所得相同的金額，於是將共計七百多萬元的善款，贈與罕見疾病基金會。這也創下該基金會收過企業員工由下而上自發性捐款的最高紀錄。

「同仁會自發性去做志工，表示理念已經深植內心，並且開始發揮。這是我們培育人才追求的目標，」周俊吉認為一旦手放開之後，才是觀看教育成果的開始。運用之妙，存乎一心。周俊吉曾打趣形容，真正的以人為本，其實就像電影台詞所說的：「只要有心，人人都可以是食神」，同樣的，只要有「心」、有信念，人人都可以是經營之神。

服務業是「人」的事業

然而，在講求業績的房仲業，「以人為本」真的可行嗎？周俊吉認為，當企業先以良善之心對待員工，那員工便有可能愛護他的客戶，於是自然形成了正面循環。而有時深植人心的理念，更能在不經意之中創造奇蹟。

例如，信義內部的業績天后謝秀娟，她就回憶分享，有一回她想幫忙一位信義同仁，因為她知道這位同仁的母親腳受傷，已過了好一陣子都還未能痊癒，而她自己經常

會去看某一位推拿名醫，於是她就開車載著這位同仁的母親來到名醫的診所求診。由於診所現場每天都是人滿為患，診號一位難求，而謝秀娟卻願意把自己排隊多日的診號，讓給同事的母親，此舉讓看診的醫師留下了深刻的印象。

當這位醫師意外發現，原來謝秀娟與這位患者的關係，只是同事的母親，而謝秀娟卻專車老遠把人載來診所，讓這位醫師更是大感驚訝。於是當謝秀娟下次再回診時，這位她已經看診數年的醫師竟然開口要請謝秀娟幫他買房子。

謝秀娟在驚訝與感動之餘明白了，正是以人為本的精神潛移默化了她，讓她成為更好的人，因而得到了他人的信任。相信每個認同公司理念的信義人，也都如謝秀娟受益於這個以人為本的信念。

信義
精神

理念二字看似虛無縹緲，

卻是如同內功一般，

價值連城，影響深遠。

信義房屋的用人策略，主要有兩大重點，

一是用心找到理念相近的夥伴，

二是透過人才不斷深化、傳遞信義理念。

第五章

真誠為客：
服務不是ＳＯＰ，
是不著痕跡的體貼

世事往往不如表象簡單。在買賣房屋時，肉眼看不見的、金錢數字以外的，如人與人之間的無價情感，以及「家」裡的光陰故事，這些往往才是牽動成交與否的關鍵。而唯有願意以人為本、以心待人，方能看見這一切。

信義房屋從立業的第一天開始，就深知自己賣的不只是房子，是家，是信任，是人與人之間的情感，四十年來一直真誠對待客戶的各項需求，這樣認真的心念，從信義房屋處理一位老將軍委託的物件，即能窺知一二。

信義房屋曾接獲一位老將軍急著出售房子的案子，然而將近百坪的大格局，並非主流搶手的物件，所以過了好一陣子都仍未賣掉。但偏偏老將軍焦急異常，頻頻來電詢問，而信義房屋的店長黃富揆眼看同仁有些招架不住，於是決定親自拜訪這位老將軍，好看看自己能如何協助他。

然而，對房仲業來說，時間即金錢，不好賣的房子，也就代表不容易獲利，因此，多數房仲也就容易意興闌

珊，像黃富揆如此願意積極花時間登門拜訪的業務，其實並不多見。

看到的不是生意，而是人生的請託

黃富揆登門拜訪時，第一眼就發現這位老將軍一身整齊打扮，甚至還繫著領帶，顯然十分看重此次會面。幾句寒暄問候之後，老將軍即領著黃富揆在房子裡來回走動、參觀，或許是黃富揆態度誠懇，願意聆聽需求，老將軍便開始訴說當年的艱辛歲月，包括他如何與妻子長期聚少離多，妻子省吃儉用，攢下積蓄，買下這棟房子。

老將軍最後更吐露他焦急賣房的原因。他表示自己年事已高，很多事情早已看淡，但內心始終放心不下的，正是陪伴他走過一生的妻子，而他人生的最後一個任務，就是要把這棟房子賣掉，讓賣屋的錢可以做為妻子安心養老之用。

老將軍焦急賣屋背後的心事，讓黃富揆聽了不由得心頭一揪，很是感動。當天聊完，時間不過中午，但老將軍卻表示，他得趕緊搭車返家，因為他是換搭三種交通工具，專程從北部趕來台中，看著老將軍拄著枴杖的身影，黃富揆當下明白，自己承接的不僅是一棟房子，更是老將軍人生的最後請託，是他要贈與妻子的遺愛。

　　回去後，黃富揆便開始積極打理這間房子。可以看出這間房子當年的裝潢頗為用心，只是時隔久遠，屋內不免堆了好些雜物，有些設備也出現破損，無法顯現出大坪數的價值感，因此，黃富揆連續幾天都揮汗如雨的整理該間屋子，漸漸讓屋子的賣相愈來愈好。

　　過程中黃富揆也都持續回報狀況給老將軍，好讓他安心等候佳音。只是有一日，黃富揆突然接到了老將軍的訊息，表示他雖然與黃富揆一見如故，但始終不好意思稱呼他為「好友」，然而，日前他因為血壓飆升，緊急住院治療，在不知能否順利出院、生死未卜的情況下，有很多事

情他不得不事先請託黃富揆協助代為處理。

他表示自己與妻子這輩子所賺的錢，都是清清白白、辛辛苦苦攢下來的，而妻子年輕時，更是從清晨忙到深夜。他這輩子向來自信、自重，從未請求過任何人，但基於丈夫的責任，他絕不能讓妻子在老年時無所依靠，因此他不得不「厚顏」重託黃富揆。

收到簡訊後，黃富揆紅了眼眶，但他得趕緊完成老將軍的託付。於是他忍著情緒，先打了一封重要簡訊給台中鄰近一帶的信義分店的店長們，懇請他們鼎力協助。約莫發出半小時後，黃富揆的手機就響個不停，是信義各分店的店長和同仁紛紛表示願意協助處理，並一一傳回溫暖、且帶有鼓舞能量的文字。

「看著手機，我好像看到每一位夥伴他們認真、鼓舞我的表情。於是我知道，自己是在做對的事情，夥伴們都願意挺我，」黃富揆感性回憶，後來在大家的協力下，這

間大坪數的房子很快就出現新買家，而且是幸福的三代同堂，他們即將在老將軍一生鐵漢柔情的大房子裡，展開新的人生篇章。

收到買家的消息後，黃富挍更是親自北上，來到老將軍居住的養老院，向他報告買家的狀況。然而，最讓黃富挍感動的是，老將軍與夫人雖然急著想知道買方的開價與條件，但他進門後，兩夫婦卻如老友般的盛情款待他，除了招待他一起享用精緻午餐，夫人還親手削水果，款待他知名的甜品，話中也不斷的關心黃富挍生活的點滴。老將軍是真的把黃富挍當成了好友對待。

「老將軍親自送我離開時，我聽到鄰居與他對談，才知道雖然我們約的是中午，但將軍在上午八、九點時，就已下樓在大廳等我了。」黃富挍知道，很多情感不一定能用言語或文字表達，很多事情也往往不如表象簡單，而是必須「用心」去觀看，才能發現真正重要的事。

分數之外的奔走，才是打動人心的服務

事實上，這就是信義房屋的最「心」標準。在每一次的買賣交易完成後，信義房屋都會致電詢問買賣雙方，除了關心後續的狀況外，更在意客戶是否滿意信義房屋的服務，而評分指標從最低一分到最高五分。

「我們的標準逐年上修。以前拿四分或許還不錯，但現在我們已經把四分，認定為是『隱形申訴』，因為我們希望用更高的標準來檢視，所以把拿不到五分，就先推斷為同仁可能有哪裡沒做好。於是反求諸己，細細找尋進步空間，」信義房屋倫理長楊百川更指出，其實就算拿到五分，也不見得就是「滿分」。

「我們最『心』認定的滿分，其實是超越數字。意思就是，除了拿滿分之外，客戶有沒有多說幾句有哪裡特別滿意，或者被打動的地方？」信義房屋認為，有些人勾選五分也許是礙於人情，如果真能再說出幾句讚許、感動的

話語，更能代表客戶是真心滿意，是被獨一無二的認定與
信任著。

　　楊百川強調：「這個標準確實很高，因為量化的分
數、質化的感動都要達標。但選擇用最高標準來檢視，卻
也是我們最基本的堅持，」而要達成感動服務，必定得要
以心待人、以誠行動。因為很多客戶沒說出口的，只能用
心去看見。

用心，才能讀出客戶沒說出口的渴望

　　事實上，一位信義業務同仁就是在一件挫敗的案例
中，體悟到必須用心，才能真正聽懂客戶的需求。原來有
一位客戶，他雖然在台北市區上班，但是他希望居住的地
方要能安靜清幽，於是這位信義同仁從士林、石牌、北
投、一路往郊區找過去，但即使都找到了淡水郊區，這位
客戶還是不滿意，每每只表示是否有比上回看的房子更安
靜清幽的物件嗎？

最後這位同仁甚至越過了淡水河，找到了人煙稀少的八里鄉下。他心想，這裡要到台北市中心上班實在很不方便，但應該夠清靜了吧？沒想到客戶十分滿意，而一直到交屋那天，這位信義同仁才發覺，原來這位客戶雖然在台北市中心上班，但有一位同住家人，因為精神上的疾病，特別需要十分安靜的住所，好靜心安養。

　　看著客戶攙扶著不方便的家人入住新居，這位信義同仁，也不知不覺紅了眼眶。「當下我真的覺得，我怎麼這麼笨，怎麼這麼不用心啊？我就主觀的認為要安靜的地方，但上班應該也要方便……。」這位信義同仁不但絲毫沒有責怪客戶為何沒有告知真實狀況，反而是深深自責沒能盡快讀懂客戶心中所想，無法盡快幫上忙。而這次的經驗更讓他深深明白了，讀出客戶沒說出口的需求才是最到位的服務。

　　由於信義內部的教育分享頗為扎實，很快就有信義同仁記取上述教訓，早一步讀懂客戶的內心。這位信義同仁

則是在帶一位年輕女客戶看房時,發現這位女客戶不太愛
講話,雖然也看了一、兩次房,但每每看完後,都不太說
自己是喜歡或不喜歡,只是酷酷的不置可否,可是卻又積
極要求繼續帶看。他很快的發現,這位女客戶似乎很在意
大樓的無障礙空間,客戶雖然未曾開口詢問過,但她的視
線總會觀察,找尋輪椅可以上去的路徑。

於是這位信義同仁就為這位客戶特別尋找有良好無障
礙空間的物件,並在看屋過程中,順勢但不刻意的談到該
社區的無障礙設計很周全。而客戶也像是發覺了他的用
心,在沉默片刻後,漸漸打開心房,緩緩說出她的「女朋
友」,因為坐輪椅很需要無障礙的空間設計,但這樣的房
子不好找,所以要請他努力幫忙物色。

或許是因肢體障礙,加上同性伴侶,擔心來自社會的
異樣眼光,讓這位客戶一直沉默不說出需求,然而這位信
義同仁用心對待,終於掃除兩人之間的無形障礙。最後不
僅順利為這位客戶找到理想的房子,甚至還幫忙她找到適

合的室內設計師，後來更幫忙監工，讓這對情侶能在自己的小天地中沒有障礙的生活。

用心傻傻做，客戶都知道

用心看見是第一步，而願不願意對標準作業流程之外的事，也甘心傻傻的付出，才是信義房屋獲得客戶信任的重要關鍵。

高雄區主管之一的許順吉就回憶，他剛入行時，曾為一位剛失婚的女性找到租屋處。雖然這位女客戶的家當頗多，但似乎因經濟不寬裕，無法請搬家公司，打算自己一個人咬牙騎摩托車搬家，許順吉無意間知道此事後，便租了一台小貨卡，與他的父親一起協力幫這位女客戶搬家。

「過程中，有附近鄰居看到還笑問：『啊，你們信義還有搬家公司喔？』我當時解釋了一下狀況，結果鄰居們都紛紛表示信義房屋也太好了吧？」許順吉表示當初自己

只是想盡一點力，助人為善，但就在不知不覺中鄰居們皆口耳相傳，累積了許多未來的客戶。

像這樣工作外的服務無以計數，許順吉也曾經為一位母親與三個女兒找到新家，只是交屋後、入厝前一天，母女才發現房子某處的牆壁因油漆脫落，牆面有些缺陷而不美觀，雖然是小問題，但來不及在入厝前修繕完畢，母女不免覺得有些遺憾。

為了不讓客戶失望，於是當晚許順吉便找了信義房屋的學長一起當起油漆工，下班後直接穿著皮鞋和西裝褲上工，從補土、批土到油漆完成，兩人的衣服都變成了「花」褲、「花」鞋，但即使如此，他們也不以為意，只是相視而笑。

「就是那種想去『圓滿』別人的心情驅動我們去做這件事情，」許順吉回憶，當自己隔天看到客戶臉上的喜悅，就覺得一切都值得了。然而，「你若芬芳，蝴蝶自

來」，時間總會回報這份心意，而且愈久愈多。

原來當時這位母親的經濟能力不是特別好，購屋的總價並不高，但許順吉如此用心服務，讓她的三個女兒都印象深刻，於是三位女兒在各自成家後，需要找房子時，都記得這位曾連夜幫她們油漆的「信義叔叔」。

真誠聆聽客訴，才能看見抱怨的真相

而除了用心創造感動服務之外，信義房屋更明白面對客戶申訴時，必須比任何事都要加倍用心。

「我們一直用最高的標準追求滿分，但也從來不錯誤期待，認為同仁都不會犯錯。畢竟人非機器，怎麼可能無過？所以關鍵是，犯錯後的心態，」倫理長楊百川強調，他們會刻意訓練客服部的同仁，在接到客訴時，務必要與客戶站在同一陣線，從客戶的心情出發回應問題，解決問題。

畢竟人性總會維護自家人，所以信義房屋總不斷教育員工「客戶優先」，即便是客戶與同仁各錯一半，各有責任與疏失，但信義房屋寧願犧牲些許利潤，也要保障客戶，因為一來企業可以承擔的損失遠超過民眾個人，二來將心比心，同仁每天都在處理房屋買賣，有一定的專業，但民眾很可能少有買房經驗，因此遇到這類糾紛一定很驚慌，何況同仁與企業身懷專業都還犯錯，更有檢討的必要。

　　所以即便從法律條文來看，民眾與信義同仁皆有各錯一半的責任，但信義房屋仍強調用「心」面對，認為應該放大，甚至超額承擔同仁與企業的疏失，優先包容與保護客戶。然而，當企業如果願意用心看待客訴，而非以法律條文回應客戶疑慮，往往更能創造真正的雙贏。

　　例如，信義房屋店長陳麗蘭就碰過一位客戶，在買了房子之後，卻突然抱怨連連，抗議信義的業務欺騙他，害他買到了爛房子，這位充滿怒火的客戶甚至表示，他要立

刻衝到分店，不惜用輕生做為抗議手段。

　　那時陳麗蘭反覆看了所有紀錄資料，發覺公司同仁雖然沒有做錯任何事，一切行得正、坐得直，但陳麗蘭卻不是選擇強硬回擊，或是冷漠掛上電話，而是用心聆聽客戶的不滿，把客戶當成自己的朋友，聽他慢慢說。因為當客戶願意好好表達問題時，往往能讓激動的情緒緩和，逐漸恢復理智。

　　而當這位客戶漸漸恢復理智，試圖有條理的說明來龍去脈時，才發現原來自己無法自圓其說，理虧的其實是他。陳麗蘭後來也知道，這位客戶是因為自己人生不順遂，才將怒火遷怒於信義同仁。

　　「用心對待客訴，先把他當成朋友，去接一下、緩一下他的情緒。如果願意真心把客戶當朋友，就會理解客戶那些遷怒或情緒不過都是人之常情，我們不會跟自己的朋友過不去，不會太認真計較，那又何必跟客戶計較？」陳

麗蘭笑著說，誰不會心情高低起伏？這正是我們需要家人、朋友，甚至是信義房屋的原因。

　　秉持以人為本，以心待人，信義創造了一次又一次的感動經驗。信義房屋的客戶滿意度自然也連年攀升。然而，即便滿意度已經突破九成，楊百川與信義房屋都十分清楚，若從最「心」標準來看，他們尚未達標，每一天仍須戰戰兢兢的努力。

　　而感動服務不只是數字上的結果。回到老將軍的故事，店長黃富揆在房子成交後拜訪老將軍時，不免好奇一問，當初老將軍急於賣房，好確保妻子老有所終，但為何始終堅持只找信義房屋？老將軍年事已長，雖然一時無法說出背後的具體原因，但表示他始終記得對信義房屋的第一印象，即是認真誠懇，服務態度溫暖，才會毫不猶豫的選擇了信義房屋。

　　世事往往不如表象簡單。記憶或許會消退，但心中的

感動卻會永遠留下。黃富揆與許多信義人為何能夠以心待人？這一切其來有自，正因為企業秉持以人為本，視同仁如夥伴、家人，當員工於無形中受到企業理念的感染薰陶及對待，那麼自然也願意用相同的方式對待客戶，將這份被重視的感動傳遞給更多客戶，產生無可想像的力量。

信義精神

用心看見是第一步，

而願不願意對標準作業流程之外的事，

也甘心傻傻的付出，

才是信義房屋獲得客戶信任的重要關鍵。

第六章

端正人心：
成功是因為知道
有比獲利更重要的事

周俊吉的人生有兩大心願，一是以企業倫理的理念經營信義房屋。這個心願，周俊吉從創業的第一天就已經做到了，而堅持的結果，更是連動改變了台灣房仲業的文化。周俊吉的第二個心願高遠宏大，其格局與難度可說遠超過信義房屋的一社之力，但即使如此，周俊吉仍不畏困難，從能力所及之事一點一滴的做起，希望所有的企業都能心懷正道，實踐企業倫理，因為如此才能讓社會成為「我為人人，人人為我」的大同世界。

　　然而，要如何才能實現這個宏大的心願？周俊吉在經營信義房屋的過程中，體會到的寶貴一課，就是當夢想愈大時，愈需以人為本，並從百年樹人的事做起。

　　因此二〇一二年，周俊吉個人捐出了 6 億元，信義房屋則捐出了 1.2 億元，將這合計 7.2 億元捐贈給政治大學興建公企中心，推動企業倫理教育。這個義舉打破了政大創校八十五年來最高的個人捐款紀錄與商學院捐款紀錄，但與周俊吉熟識的許士軍教授卻深知，比起這 7.2 億元，

更重要的是用錢買不回來的光陰，是周俊吉早已默默為推廣企業倫理教育付出許多心力。

「改變世界，其實就是改變人們的行為。而改變方式有兩種，一是從外在，另一是從內在，如威逼利誘，就是從外在下手，效果快，但是不持久；而改變價值觀，則是在心裡撒下種子，讓理念慢慢成長，時間雖久，但終至樹大根深，難以動搖，」許士軍教授指出，周俊吉早從一九八〇年代末期，就支持學界推動企業倫理教育、培訓種子教師，這些都是為台灣企業倫理教育扎根的基礎工程。

今日台灣 CSR（企業社會責任）觀念漸漸蔚然成林，但這些樹木的種子、推廣的老師、學習的教案，又是從何而來？事實上，若回頭觀看，在一九八〇、一九九〇年代，談企業倫理很容易為人訕笑為迂腐，當時主流聲音都認為，企業家唯一的任務就是為企業賺錢，許士軍感慨當年，企業倫理教育實在是門冷爐灶，因此他對始終添柴送暖的周俊吉深感佩服。而對周俊吉來說，他深知企業倫理

絕非書生迂腐，而是經營企業的強大力量。

企業倫理才是企業的成功學

「倫理和諧與追求利潤、企業競爭，乍看好像是格格不入，但其實企業卻是十分適合實踐倫理的所在，」周俊吉堅信，正因為企業追求利潤，所以更得看長不看短，明白不能為近利而殺雞取卵的道理，方能確保利潤長長久久，也才能如滾雪球般，積累豐厚的收益。

「所以如果想賺小錢，那就請剋扣員工、欺騙客戶，而也終有身敗名裂的一天；但如果要『賺不完』，就應該深思古人說的『斧斤以時入山林，材木不可勝用也』，取之有道，與天地和諧、與同仁客戶講信重義，自然能成為最後的共贏者，」企業倫理雖在這幾年竄紅，但周俊吉很早就知道從歷史經典尋找先人的智慧。

周俊吉也坦言，有些人或許覺得人生在世父慈子孝、

兄友弟恭就已足夠；但身為企業經營者，還必須審慎思考「企業」本身會如何影響、對待各種利害關係人？如何能透過「企業」的力量對整體社會、甚至是全世界做出正面貢獻？包含客戶、股東、員工、供應商、社會大眾、自然環境，都是與企業相關的利害關係人，必須從各種角度全面思考，方得永續圓滿。

因此，信義房屋的內部提案或是創新方案，最必備的一頁報告就是，該提案是否符合或危害各利害關係人？若是考慮不周全，沒有兼顧或是會損及哪一利害關係人，那即便能短期獲利，也絕不可能在信義房屋內部通過。

周俊吉一直認為，人性趨吉避凶，一時間被利益沖昏頭，也絕非不可能。因此更需要以制度檢視，以免一時犯錯。當然，制度之外，更須良好的企業文化，幫助大家在心中樹立明辨是非的價值觀，例如，推動信義房屋股票上市，正是要公開接受外界的財務監督，但制訂法律的是人，能突破法律的也是人，因而唯有以導正人心為主，建

立檢視制度為輔，才是所謂的百年樹人。

法律只是底線，而非行為準則

倘若只用嚴刑峻法限制企業家，那很容易逼出一堆「犯罪天才」。政大信義書院曾邀請轟動一時的美國安隆公司（Enron）當時的財務長法斯陶（Andrew Fastow）來演講，法斯陶坦承他以「創新」手法管理安隆資產，並踩在法律界線內，讓公司市值在十年內暴增十倍，更在二○○○年時風光獲得財經雜誌頒贈「年度最佳財務長」的頭銜。但隔年卻豬羊變色，不僅安隆倒閉、破產，被發現所有的市值竟都是虛胖的數字遊戲，終讓無數股市投資人血本無歸，法斯陶更被判入獄，服刑六年。

服刑初期的法斯陶忿忿不平，認為自己完全遵守規則，更通過董事會、會計師、律師等層層把關，在完全守法之下，不解自己究竟為何獲罪？後來法斯陶十四歲的兒子屢屢探監，不明白「守法」的父親為何被關，於是試圖

理解艱深的法律條文。而或許是人性善良使然，被親情所感，法斯陶不願兒子也走上犯罪天才的偏差道路，於是他終於大徹大悟，看清自己的問題所在。

後來他向兒子比喻，他就像是參加一個派對聚會，明明答應父母不能喝酒，但派對現場卻有「啤酒口香糖」，能讓他在不違反約定下，一樣享有喝酒的酒精作用，那他到底該不該吃下這「啤酒口香糖」？

他的兒子頓時領悟，知道當然不該吃下這啤酒口香糖。法斯陶向兒子坦承，他犯下的罪行不僅是吃了啤酒口香糖，更宛如在派對現場販賣啤酒口香糖，獲取利潤，代價卻是害得其他人違反與父母的約定，甚至酒駕車禍，而他卻仍強調自己賣的不是啤酒。

包含法斯陶，多數金融罪犯、黑心食品業者，這些人很可能腦筋都轉得飛快，但正是因為心中缺乏企業倫理，才讓所有的天縱英才都只是加速企業的衰敗，甚至是讓自

己身陷囹圄，危害了整個社會。

周俊吉一直認為，心懷企業倫理精神，雖然獲利速度會慢些，但堅持先義後利，長遠下來獲利程度會超乎預期，更重要的是，企業倫理能帶領企業避開必然的失敗。企業本身的興衰之外，一家企業的衰敗終將危及企業員工，甚至整個社會，這也是為何周俊吉會念念不忘，並不斷推動企業倫理教育的主因。

讓每個人都是倫理長

周俊吉推動天下人心懷企業倫理教育的策略，其實也是按部就班，一點一滴投入光陰與經費，一步一步立下這百年樹人的大計。

一九八七年從海外回台，並擔任台大商學院第一任院長的許士軍教授，回憶他剛回到台灣時，就深感企業倫理教育即便是在學界裡，都很難推動，遑論落實到企業界。

在學術界都不被看重，主因是當時的思維強調企業競爭，而把企業倫理的責任「不負責」的全推給政府，加上企業倫理的案例太少，教授也難以寫論文研究，也就無法靠研究這個領域發表論文，獲得教授升等，所以可以說是門冷爐灶。

「所幸當年，周俊吉不但捐贈部分研究經費，更讓我們這群教授覺得有了夥伴的感覺，而且還是來自業界的經營者，他不斷以業界真實的案例分享指出，企業倫理實在太過重要，這都讓我們別具信心，」許士軍坦言，比起經費，周俊吉的支持讓教授們更感覺被鼓舞、被尊重與被需要。

於是自一九九二年成立的「信義文化基金會」，信義房屋就與許士軍等教授攜手合作，凝聚企業倫理研究的火種。而當二○○一年安隆案、二○○四年博達案等企業掏空事件相繼爆發，引起全球一片檢討聲浪，撻伐並證實無極限的企業競爭，只會引來毀滅性的貪婪時，業界與學界

全都在找尋良方解藥，而也在這時，醞釀多時的信義文化基金會與孫震、許士軍等教授，便於二〇〇四年推出「企業倫理教育扎根計畫」。

這個扎根計畫目標在於「一校一師」，培育更多種子教師。該計畫每年支持二十所學校與二十位教師，進行企業倫理個案編寫與教學方法研究，一來豐富了企業倫理的教學個案，二來更是向學界積極宣告此時正是推動企業倫理教育的大好良機。

這項十多年前就進行的扎根計畫，更孕育出當前推廣台灣企業倫理教育的重要師資。如在二〇〇五年、第二屆計畫，被遴選為扎根教師的楊政學，在二〇二一年，更成為首屆「小微企業倫理長養成班」的重要師資。過去十餘年來的努力，現在已漸漸開花。

若把時光回推到二〇〇九年，當扎根計畫已舉辦六屆、支持一百多名教師後，孫震與許士軍等教授更看見，

社會上對企業倫理教育的需求愈來愈顯著，於是為了加快培訓腳步，並向廣大的社會發聲，許多教授都決意籌組「中華企業倫理教育協進會」。而在這個協進會的官網大事紀上，更清楚記錄了該協會是在「信義文化基金會」主辦的研討會中，由孫震教授號召邀約組成，顯見信義房屋對於推動企業倫理教育的付出與用心。

而中華企業倫理教育協進會，更年年舉辦教師們的冬令、夏令營等活動。藉由擴大規模、實際教學與交流，讓企業倫理教育的年輕教師們，持續獲得成長。「每年兩回，特別看見曾經的年輕學員，漸漸回來當講師，就知道人才的培育，其實真的不容易，需要經費，也需要時間等待開花結果，」許士軍深知培育人才，是一切的根本。

而當人才漸漸足夠，中華企業倫理教育協進會與信義房屋，更是期待企業倫理教育，能落實於企業之中。事實上，信義房屋在二〇一四年，便特別聘請輔仁大學的教授、也是被選為扎根教師的楊百川，出任信義房屋的倫理

長一職。而在楊百川擔任倫理長之前，信義房屋的倫理長職務，正是由周俊吉親自擔任，可知周俊吉對這個職務的重視。

「倫理長的職責就是讓每一個人都成為倫理長，最後甚至當企業可以不要有倫理長這個職務時，才是真的大功告成，」楊百川指出，在企業裡落實倫理工作，就是要讓同仁們深深感覺，德不孤，必有鄰，甚至是必有「群」。因為當講倫理道德的人，也能成群結伴時，就會變成一種流行、一種文化，於是不講倫理的人就會覺得壓力很大，而不是講信重義的人宛如異類。

在二〇二一年，信義房屋與信義文化基金會，更與天下共好，希望能為企業界培訓「倫理長」人才，因此舉辦了「小微企業倫理長養成班」。這是因為各大企業其實相繼有永續長、環保長等職務的出現，但信義房屋也發現，新創企業的年輕人，也很看重企業倫理與永續思維，只是資源較少，需要援手推一把，因此第一屆的倫理長養成

班，受訓時間長達三年，是以經濟、社會、環境面為架構，並透過完整課程培訓，好讓受訓後的人才能強化企業營運體質，完善公司的治理文化。

起步最難，一旦上路就會到達

二〇一四年，台灣僅有六十多家企業發表「企業社會責任」報告書，然而到了二〇二〇年，竟有六百家以上的企業跟進發表，顯見企業倫理、企業教育文化，已在台灣漸漸生根，蔚然成風。

但最難的總是在黑暗中摸索、前無古人的時刻。二〇一二年擔任由政治大學、信義房屋共同創設的「信義書院」執行長的別蓮蒂教授，其實有相當豐厚的研究經驗，她深深明白在研究初期，往往是一片混沌或是種子尚未發芽的狀態，雖然已醞釀於心、發想於腦，但若硬要檢視成果，往往是一片「空白」。

「在這種時刻，比較怕碰上一定要我們拿出研究成果的單位或是捐贈者，因為無法按部就班，只能強行先開花，對長遠發展未必是好事，」別蓮蒂深知得先打好看不見的關鍵基礎，先向下扎根，才能開出最甜美的果實，但可惜理想未必能遇上伯樂。

　　因此身經百戰的別蓮蒂，在擔任信義書院的執行長時，反倒與周俊吉形成了有趣的情景。原來合作初期，已經習慣要趕快提出計畫、趕緊端出「牛肉」的別蓮蒂，也自然成習慣的報告信義書院在半年或一年內能達成的成果，但每每總是贊助經費的周俊吉很認真的告訴別蓮蒂教授，請她一切按部就班，無須急著提出成果。「一開始，我也以為是場面話，畢竟哪位大老闆不喜歡趕快看見捐贈成果？但一、兩年下來，我發覺周先生是真心要我們樹立百年大計，」別蓮蒂始終記得這份感動與不同。

　　事實上，在二〇二一年當信義書院要向周俊吉、許士軍、陳長文等諮詢委員進行年度報告時，周俊吉的第一句

話正是感謝信義書院上下：「謝謝你們，以這麼少的經費，做這麼多的事情。」而事實上周俊吉與信義房屋提供的經費，已是打破台灣捐款給商學院的紀錄。

或許周俊吉心中認為 7.2 億元的捐款不能算多，因為相對於改變世界這個目標，7.2 億元不算多。而周俊吉更藉由信義書院、中華企業倫理教育協進會、信義文化基金會之力，用最慢、卻也最聰明的百年樹人策略，來完成這個天下大願。

周俊吉與信義房屋初期也許被笑為書生迂腐，但一旦上路，就持續不斷追求止於至善。

信義
精神

企業經營者必須審慎思考「企業」本身是如何影響、

對待各種利害關係人？

包含客戶、股東、員工、供應商、社會大眾、自然環境，

都是與企業相關的利害關係人，

必須從各種角度全面思考，方得永續圓滿。

第三部

成 林

正向思考的力量

要有大成就，
朝抵抗力最大的路徑走。

朱光潛

二〇二一年，台灣有一部廣告影片轟動坎城，並創下台灣最佳獲獎紀錄。這部廣告作品不僅擊敗可口可樂、Nike、聯合利華等強敵，更從全球近三萬件角逐作品中脫穎而出，在坎城國際創意節揭曉的娛樂創意獎中，一舉奪下全場最大獎（Grand Prix）。

而這最大獎即是在創新類、劇情類、品牌整合行銷類等所有的獲獎者當中，再次打敗眾對手，摘下最高榮耀。這個作品不僅為台灣締造了紀錄，勇奪金牌中的金牌，就連坎城評審團主席傑・谷德曼（Jae Goodman）講評時也感性透露，這則廣告讓他落淚了好幾回。事實上，這則廣告「幸福是和信任的人一起找到永遠——信任幸福篇」的企業主，正是信義房屋，這部作品能如此大獲全勝的祕訣，到底是什麼？

「其實在製作廣告前，信義房屋只給了我們一個大方向，希望這則廣告能對社會有著『正面影響力』，要能溫暖或鼓舞當前的世代，」為信義房屋操刀這則作品，台灣電通創意長周麗君坦言，有如此胸襟與思維的企業，其實並不多見。

事實上，在這則奪得全球大獎的作品中，除動人的故事設計、自然真實的演技之外，影片裡所闡述的核心價值，更是信義房屋的三大經營理念之一的正向思考。是否正向思考，不僅關係企業成敗，更影響著每個人的命運。

例如，作品中的女主角就像是你我生活中常見的鄰家女孩，外表單純可愛，但內心卻心事重重。這位鄰家女孩察覺到憨厚的男友早已偷偷準備好要跟她求婚的戒指，希望一同邁入人生下一步。她雖深愛

默默守候他的男友，卻始終猶豫，遲遲不敢點頭踏入婚姻。

原來，女主角是在戶政事務所上班，每日面對的正是前來登記結婚與離婚的男男女女。她隱隱感覺，前來辦理離婚的各類怨偶，比起結婚的幸福新人，似乎更加了解自己的另一半，於是她不免懷疑，是否人在相互了解、愛情過後，就可能會走向離婚一途。

因此，她總計算著每個月裡辦了幾對結婚、幾對離婚的案子，也計算著男友默默把戒指帶在身上、準備求婚的次數，只是她終究無法算出自己將來會不會幸福，會不會離婚？在不確定的心情下，她總是不讓男友求婚，刻意拒絕任何浪漫，但也憂心會不會總在她身旁守候、日日接送她的男友，終有一日

也會心灰意冷而選擇黯然離去？

就在人生卡關、左右為難時，女主角卻在戶政事務所遇見了一位老先生。老先生因太太過世，前來辦理除戶手續，但老先生對待妻子的情感卻解開了女主角的人生疑惑。原來老先生一直等到法規最後期限的最後一分鐘，才來辦理除戶，他不捨戶口上沒了太太的名字，但當辦完除戶、領到新的戶口名簿後，老先生還是把舊的戶口名簿要了回來，並小心翼翼、輕輕的收進紙袋，彷彿妻子還在身邊，不曾離開。

女主角頓時恍然大悟，人生其實是得把握一切，因為即便再不願意分開，也終有分離的一日。而更深一層來看，人生只要用盡全力珍惜，有時分開，也未必是真的分開。女主角體會到「原來幸福是自己

要勇敢伸手去抓，才會在自己手裡」。於是某天的日常約會，在河濱散步時，她終於不等男友開口求婚，就翻出藏在男友胸前已久的求婚戒指，含著幸福淚光，勇敢說出「我願意」三個字，男友也在驚喜之中，跪下求婚。

一對新人因一個正向轉念，人生從此大不同，這也是信義房屋立業四十年來始終強調「正向思考」的原因。

因為比起愛情，更重要的是懂得擁抱與珍惜身邊的人，比起信念，更重要的是實踐與堅持信念。這也是為何周俊吉曾在信義房屋內部會議時出了一道考題，問同仁：「信義房屋以人為本、先義後利、正向思考這三大理念當中，雖然三者缺一不可，但哪一項最為重要？」

或許因為房仲業是服務人的行業，因此幾乎所有同仁都認為以人為本最為重要，但周俊吉卻搖了搖頭，於是大家又以為是先義後利最為重要，畢竟這是信義立業的根本，也是消費者信任的源頭。

但周俊吉卻告訴同仁，最重要的其實是正向思考。因為所有的信念，如果沒有辦法實踐，所有的理念都不過只是空口白話、紙上談兵罷了。「若能正向思考，面對困難時，我們就會有千方百計，但如果沒有正向思考的能力，即便只是面對小小困難，也會像是千難萬難、泰山壓頂，」周俊吉表示擁有信念之後，路途仍會崎嶇不平，也會遭遇各種打擊，甚至往往是信念愈大、愈有價值時，遭遇的阻力就愈大，也因此正向思考的能力對一個人十分寶貴。

而信義房屋真有做到「正向思考」嗎？其實檢視一

家企業是否言行如一的最佳時刻，往往是在企業遭逢打擊時，因為能正向思考的企業，不但真金不怕火煉，甚至能在困難中浴火重生。

事實上，在二〇二一年，信義房屋獲得了《天下雜誌》評選為「V 型反轉 100 強」企業。由於新冠疫情突然來襲，《天下雜誌》遂調查了二〇二〇上半年因疫情大受影響，營收衰退的企業，以此進行研究，從中找出下半年在逆境中重新崛起、營收逆勢成長的企業。

在這份一百強的榜單中，有十四家服務業入選，而其中名列第一的正是信義房屋。不過，這樣的榮耀對資深的信義人來說，並不足為奇，因為在過去四十個年頭，信義房屋至少就經歷過三回的景氣寒冬，但他們都能突破困境，創造佳績。

首先是一九九〇年，台灣股市急轉直下，如雪崩般狂跌不止，股市在七個月內從一萬兩千多點重挫至兩千多點，一時之間市場哀鴻遍野，就連房地產也連帶遭殃，約有三分之一的房仲業者就此黯然退出市場。

而在當時，信義房屋同樣兢兢業業。「那一年，同業軍心潰散，但我們卻選擇凝聚人心。我們要求高階主管每週四天，甚至五天，每天早晨七點半就要進公司開會，好用最大的準備來面對最大的挑戰，」信義房屋董事長薛健平回憶過往，那時因為公司上下全副心思都用來解決問題，所以他們反倒沒有時間感受心情上的低落與低潮。

而最不可思議的是，在崩盤的一九九〇年，信義房屋反而靠正向思考，以及先前累積的種種信念與基

本功，讓信義房屋非但沒有如同業被迫裁員或減薪，甚至比起前一年，業績還逆勢成長了五〇％。

「那時我們就『預言』，告訴同仁整體市場也許變小，但願意找信義房屋的客戶卻很可能變多，」信義房屋董事長薛健平指出：一來是當時信義房屋的服務與保障，已經領先同業許多，而當景氣進入寒冬時，民眾當會更加認真挑選房仲業者，於是自然也就會挑到他們，但也很可能是因為同仁願意先「相信」，信義房屋能在逆境中崛起的「預言」，因而懷抱正向思考、努力不懈，最終實現了這則預言。

另一次的逆境奇蹟，則是發生在多災多難的二〇〇一年。這一年的六月，先是信義房屋總部發生大火，許多重要資料付之一炬，而後九月時，百年一

遇的怪颱納莉颱風滯留台灣陸地高達四十九個小時，造成近百人死亡、近百億的經濟損失，甚至這一年台灣的股市也跌到三千多點，再創十年新低。

因此，二〇〇一年十一月月底時，信義房屋業績與前一年相比，明顯衰退不少。然而，當該年度只剩最後一個月時，信義房屋並沒有因此氣餒，周俊吉反而向同仁宣示，要大家靠最後這個月翻轉整年的落後績效，讓六月的大火成為浴火重生的象徵。

於是整個信義房屋開始總動員，全員皆兵。公司端出「破紀錄、拚出國」的獎勵，而幕僚部門更是不分平時、假日，每日上午十點半準時公布最新的業績表，讓大家清楚知道距離目標還有多遠。

甚至總公司的幕僚單位還經常到各分店「勞軍」，

送上各類點心、飲料，好為第一線同仁們提振士氣。就這樣上下一心、浴火重生的鬥志，竟然真的創造奇蹟，在年底結算日那天，信義房屋的業績不僅沒有衰退，還創下創業以來最好的成績，再次於不景氣中創下亮眼成績。

而二〇〇七年，全球金融海嘯來襲，類似的故事再次上演，不過這一次信義房屋「勞軍」的技巧大為進步，只要有分店達到標準，信義房屋的高階主管就會敲鑼打鼓，帶著一整車結滿彩帶的禮物，前去恭賀該分店。其他分店見狀自然也被激發出鬥志，希望自己也是創下佳績的一員，於是眾志成城，不畏挑戰，也讓一切逆境反而像是突破自我的催化劑。

事實上，受激勵的軍心、團結的士氣與先前苦心扎

下的基本功，正是信義房屋四十年來遭遇各種不景氣都打不倒的祕訣。而在實踐信念的路上，信義房屋除了遭遇景氣反轉的挫折之外，來自同業的抹黑、無的放矢，信義房屋也都是秉持正向思考看待與面對。

美學大師朱光潛曾說過：「要有大成就，得朝抵抗力最大的路徑走。」信義房屋是如何成功走在一條不平凡的正道之上？又是如何以「正向思考」獲得巨大的力量與成績，並且成就他人？答案就在接下來的故事中。

第七章

使命必成：
方向對了，就堅持
找對的方法達成

如果單純只看表象與數字，一九八三年，也就是創業第三年的信義房屋，似乎十分岌岌可危。那年，信義房屋經歷連續三年的虧損，周俊吉一家七口，包含夫婦兩人、剛出生一歲左右的兒子、周俊吉兩個弟弟和太太的弟弟，以及王美文為貼補家用而幫忙照顧的外甥女，這一群快要可以組隊打棒球的人，全擠在一個頂樓加蓋的公寓裡，不論如何省吃儉用，生活仍舊非常窘迫。

　　特別是小小的公寓，只有一個房間與客廳，而所謂的客廳，其實也只是用木板簡單搭設，並以塑膠波浪板做為屋頂，保證夏熱冬寒的陋室。但即便拚命省吃儉用，那一年的夏天，年輕的周俊吉向父親所借的三十萬元創業基金，就要燒光，眼看著就將發不出同仁的薪資，甚至得宣告創業失敗。

　　周俊吉試圖再向父親商討借錢，卻遭到父親斬釘截鐵的拒絕。而此時，就連老天也不幫周俊吉，當周俊吉正煩惱資金調度時，颱風突然無情來襲，將客廳的屋頂吹跑，

不僅小小棲身之所水淹滿地，連一歲的兒子也在這風雨交加的夜裡發起高燒，周俊吉只能在這個不平靜的颱風夜裡，抱著孩子奔波求醫。

特別是，即便外人眼中看來處境風雨飄搖、萬分艱難，但周俊吉心中焦急，卻不以為苦，只將一切當成實現理念的沿途風光。

「我心中深信，我們的方向是對的，只是還沒找到對的方法，所以必須堅持下去，找到良方，如此而已，」周俊吉堅定的指出，比信念更重要的是，堅持與實踐信念的行動。

因此當年颱風夜隔日，公司面臨發不出薪水，財務狀況陷入危機的窘境，對周俊吉來說，都「不過」是一個必須解決的「問題」。在走投無路之下，周俊吉與太太商議，先拿太太的嫁妝金飾去典當周轉，等到帳款收進來之後，再去當鋪贖回。對周俊吉來說，不去計較一時得失或

是臉上的面子，不顧一切勇敢實現心中抱負，才是真正的大丈夫應為之事。

對周俊吉來說，為了心中的理念，努力使命必達，或許是人生中最辛苦，卻也最快樂的享受。因為願意堅持，就會找到方法，而最有效率的方法，往往就是勤能補拙、認真學習。

萬丈高樓平地起，一步一腳印建立好制度

創業第三年，信義房屋因代書同仁離職，又一時找不到人遞補，周俊吉只好請出明明是護理背景的太太王美文暫時充任。

「我記得有一個案子，已經被地政事務所退了三、四次，公家承辦人員還很凶的把文件丟出窗口外，我太太都尷尬到不敢再多問，然後更糟的是，每次她被退件後都要找屋主再蓋章補件，最後屋主不免責問：『你到底會不會

辦啊？』想想那時真的很可憐，因為她是真的不會辦。」
周俊吉對那段往事至今歷歷在目。

然而天下無難事，只怕有心人。後來王美文女士決定
利用晚上時間進修上課，但由於上課地點離家太遠，且下
課時間較不固定，因此周俊吉還是會開車載著他們剛滿週
歲的孩子，到學校等候太太下課。這對夫妻，就是如此堅
定、虛心好學的度過了青澀的創業初期。因為周俊吉深
信，只要理念正確、態度進取，能力都是可以訓練到位
的。

事實上，信義房屋的會計制度，甚至後來的股票上
市，都是由一位分店的祕書從零學起，一步一腳印的完
成。而這位地政系畢業、沒有財務經驗的祕書，正是後來
一路擔任信義房屋財務長、現任總稽核的周素香。

周俊吉強大的意念不僅如此，一九八七年時，信義房
屋雖然還只有兩家分店，但周俊吉仍決意要引進，並建立

與國際接軌的會計制度,讓公司所有帳目都清清楚楚。他那時拜訪了世界前八大的眾信會計師事務所,希望他們能幫信義房屋建立制度,但對方當下有些驚訝,因為當時信義房屋規模甚小、只有兩家店與十多位同仁,員工平均薪資不過一萬元初頭,光是建立這套財會制度,不含後續服務費用,就得花上十多萬元,對當時的信義房屋來說,算是一筆不小的投資(當時一個大學畢業生的一整年薪水也不過十多萬元)。

但為了長遠的經營,為了讓帳務沒有任何模糊的空間,革除當時業界「兩本帳」的陋習,周俊吉堅持一定得引進會計制度。公司需要一位專任的財務會計人員,卻偏又一直找不到適合的人選,於是眾信事務所的顧問便問了剛進公司沒有多久的周素香,願不願意嘗試專任的財務會計工作,並跟世界前八大的事務所學習?

「我一進公司,就發覺裡面的同仁素質都很好,不少都是剛從大學畢業的,有建築系、都市計畫系等等剛畢業

的年輕人，然後大家都知道，我們是很有理念的房仲業，也是為了實踐理念而留在這裡，」周素香回想，信義房屋的企業文化一直鼓勵同仁學習，也因此在這個文化中，她也很樂於學習自己完全不懂的財會領域。

於是周素香一邊工作，一邊苦學，她從基礎會計、初級會計、中等會計、管理會計一路努力過關，甚至最後報考中興大學（現今的台北大學）就讀三年期的企管課程，最後還攻讀到政大財金 EMBA 學位。

而最讓周俊吉喜出望外的是，當一九九九年，信義房屋要發行股票上櫃時，房仲業雖不是政府鼓勵的產業，但信義房屋的上市之路卻十分順利，一次就過關，一來因為他們的會計制度早已完善，與國際接軌，二來負責的周素香，經過十餘年持續學習，早已可以獨當一面。

一九九九年，信義房屋股票上櫃與二○○一年上櫃轉上市時，雖然金融法規上並無問題，但其實都遇到突如其

來的意外挑戰。原來一九九九年信義房屋上櫃前，正逢九二一大地震，而二〇〇一年上市前，總公司所在的大樓失火，使得部分資料受損。

「其實當時人心很浮動，證券承銷商也問我們要不要暫緩？我們也猜想得到，若那時候上市上櫃，可能股價會受到影響下挫，但因為我們清楚公司理念是以長遠為目標，所以也就意志堅定、使命必達的如期上櫃上市，」周素香回想過往，認為挑戰肯定都會有，但如果大方向清楚，那麼種種挑戰，也就不那麼可怕了。

借錢也要投資，以吸引人才，提供更好的服務

理念帶來前進的方向，而學習帶來前進的力量，這其實正是信義房屋深受消費者信任的祕訣。而信義房屋還有一個成功關鍵，就是相信「前景」遠比金錢重要，因此，即便是再怎麼困難，信義房屋都願意千方百計、設法重金投資與創新。

一九八七年，信義房屋花了十多萬元建立了財會制度，但兩年後，一九八九年，信義房屋也不過才八家分店時，更是狠狠砸下了將近兩千萬元建置了 IBM 的資訊系統（AS 400），為的是將信義房屋各分店的訊息即時性的連成一氣，共享正確訊息。

「其實我真的很佩服周先生，三十多年前，網路概念真的不如今日普遍，還是黑白的 DOS 系統，但周先生已經看到未來，然後還真的敢超越時代投資，」恰好在一九八九年進入信義房屋負責 AS 400 系統的學習，曾任信義房屋智能中心副總經理的陳麗心回想公司當年大膽的決策，仍深感不可思議。

由於當時這套機器實在太昂貴，IBM 與銀行也擔心他們無力支付，因此當時設備上都被貼上封條，直接做為貸款抵押品。原來當時這套資訊系統幾乎只有大銀行或大企業敢用，在當時還只是中小企業的信義房屋願意重金投資，IBM 不僅再三確認，最後當信義房屋成功運用這套系

統之後，IBM 甚至將信義房屋的成功案例做成廣告，藉此推廣給更多企業。而這套昂貴的系統，到底為信義房屋帶來什麼功效？

「這套系統連結的是訊息上的信任。因為當分店一多後，訊息難免過多、過亂，人情上也容易私相授受，如 A 店長若跟 B 店長交情比較好，那難保不會把新物件訊息先偷偷給 B 店長，那這對其他店長，當然就不公平了。」信義房屋的副總經理陳麗心表示。她又進一步指出，當時業界的做法，是各分店回報各種訊息給總部，包含是否有新物件、手上的物件是否售出等訊息，然後等總部整理完成之後，再發送給各分店。但如此一來，不免有時間上的落差，很可能有些分店落後一、兩日才得到訊息，所謂的「訊息」就未必正確，很可能有好幾個熱門物件已被簽約售出，但其他分店卻根本還不知道，於是仍傻傻的張貼廣告，這當然也會讓撲空的民眾產生不信任感。

而 IBM 這套系統，是 A 門市一輸入，不管是接到新

物件，或是售出的訊息，全部的門市都能在同一時間看到，這對民眾來說，也是最即時與正確的資訊，雖然這樣的技術在現今絲毫不足為奇，但在三十年前卻是「高科技」，信義房屋的同仁還得要十分認真、戰戰兢兢的前往 IBM 總部上課學習。

信義房屋用兩千萬元建置系統，學習新知，換來的正是民眾的信任感。事實證明周俊吉是對的，不僅成果十分亮眼，各分店店長也都很滿意，只是兩千萬元在當時真的不是小數目，因此那時陳麗心每天下班前，都會巡視機房才敢放心回家。

而令人驚訝的是，信義房屋才在一九八九年剛投資兩千萬元建置電腦系統，短短不到三年，就又投入高達兩億多元的金額，在一九九一年買下屬於自己的辦公大樓，成立信義房屋的企業總部。

「成立企業總部，一來可長可久，二來房仲業在當時

的形象，仍是不怎麼讓人放心的行業，所以我們希望藉由一個亮眼的企業總部，讓優秀的人才願意信任我們，願意成為我們的事業夥伴。而如此一來，最終受益的自然是客戶，」堅持以人為本的周俊吉為招募優秀人才，願意肩負壓力，砸下重金成立企業總部。

但那時信義房屋卻面臨一大挑戰。原來當時信義房屋手上的資金約只有兩千萬元，但他們那時看上的辦公室，卻是當時全台北市數一數二高價的大樓，也就是位在敦化南路上的東帝士大樓，面積多達四百多坪的氣派辦公室。而這個企業總部要價高達兩億多元，遠遠超過手上的兩千萬元現款。現金遠遠不夠之下，信義房屋只好找銀行討救兵。那時信義房屋找上的第一家銀行，其分行一開始在審閱資料後，雖然同意了，但最終在總行進行審查時，卻被放進下一期的放審會中，不確定是否能如期拿到貸款、順利與房東簽約。

然而，對一路篳路藍縷的信義房屋來說，只要看著目

標，總能披荊斬棘，找到前進的道路。於是當時信義房屋負責這項任務的承辦人員試圖尋求上海商業銀行的協助，而當時上海商銀的放款部裏理，也就是現在的總經理陳善忠。

當年陳善忠與信義房屋的承辦人員一談後，發覺信義房屋的種種理念都與上海商銀的「服務社會」理念十分相近，於是不由得對信義房屋起了好感與好奇心，加上審查放款的職責所需，陳善忠便與當時的上海商銀總經理周慶雄，要求與信義房屋的創辦人周俊吉，見面詳談。雙方便約在上海商銀辦公室見面，一談之下理念相當契合，周俊吉於是順利取得貸款，買下嶄新的營運總部辦公室。

一、兩年之後，雙方再度相約在周俊吉家中聚餐。「我還記得，當天是周先生開車來接我，而且開的也不是什麼名貴轎車，身高很高的他，就從一台小小的、像是英國教授會開的 Mini Austin 低著頭下車，我當下就感覺他很不像商人，比較像是讀書人，」陳善忠回憶那時到周俊

吉的家中，見到了周俊吉的太太王美文女士，發現夫妻兩人都很實在的過生活，很多事不僅都親力親為，生活也很樸實，絲毫沒有大老闆的架子。

更讓陳善忠欣喜的還在後頭。原來當晚，周俊吉與陳善忠暢談他對台灣房仲的種種理念與長遠規劃，大為顛覆當時大家對房仲業殺雞取卵、賺取暴利的印象。

「其實很多地方上海商銀與信義房屋的理念一致，我們都心懷社會，也都積極培育人才。我們都有堅持的信念，然後更願意從百年樹人做起，」陳善忠坦言，當時信義房屋的貸款案金額，以房仲業來說，確實是超乎想像，並未完全符合銀行貸款的 5P 原則—People（人）、Purpose（資金用途）、Payment（還款計畫）、Protection（債權確保）、Perspective（未來展望），但陳善忠認為最重要的就是「People」，而周俊吉顯然就是對的人，因此決定協助信義房屋成就事業。

識英雄，重英雄。信義房屋就在陳善忠的慧眼之下，完成了這一難關，達成了建立企業總部的重要目標。

　　不斷實踐理念，並且讓消費者感受到更專業的服務，為信義房屋帶來了一年比一年更好的成績與更強大的力量，這其實是信義房屋對於心中的信念無論必須付出多少努力，克服多少難關，都堅持使命必達的緣故。而接下來更可以看到，在現場第一線的信義房屋業務們，是如何將「必成信念」、「正向思考」，實踐在每一日的工作之中。

信義精神

理念帶來前進的方向，

學習帶來前進的力量，

信義房屋成功關鍵，

就是相信「前景」遠比金錢重要，

即便是再怎麼困難，

都願意千方百計、設法重金投資與創新。

第八章

不怕拒絕：
相信只是還沒成功，
不是失敗

房仲業看似高薪，風光的背後，其實是無數的努力與壓力。二〇一三年勞委會發表《勞動人口自殺成因分析與防治策略初步探討》一書，當中讓人震驚的是，在長達六年的統計結果中，最想輕生的行業竟是不動產業，試圖輕生的比例更是比平均值要高出近一倍之多。

　　當報告發布之後，媒體也紛紛採訪和詢問房仲人員真實的心聲。所有受訪的房仲從業人員幾乎都表示，他們對這個數據毫不意外，因為房仲本來就是高工時，必須讓客戶隨時找得到的職業，所以往往別人下班，他們還在上班，而且承受的心理壓力也很大，不僅每個月業績都得從零起算，每筆交易金額也都是動輒上千萬元，容不得半點閃失。而除了心神耗損之外，不斷奔波帶看，也是極為消耗體力的工作。

　　但往往最讓人吃不消的是，得承受不斷的挫折、一次又一次的被拒絕，甚至是被民眾怒罵的壓力。而且整體情況似乎是愈來愈糟，「以前可能按二十五到三十次電鈴，

總會有人理你。但現在是，你只要輕輕按一次電鈴，就幾乎一定會被罵。」信義房屋總經理劉元智深知現今的房仲人員並不輕鬆，也認為房仲人員更須學會「被拒絕」的能力。

「被人拒絕，可以當成是無情打擊，但也可以當成是『吃苦當吃補』。而如果真的要被『進補』到，必須先擁抱被拒絕，從中找出自己的不足與收穫，」劉元智表示，遇到挫折當然可以怨天尤人、發洩情緒，畢竟人都是血肉之軀，但時間不要過久，因為寶貴時間是要留給檢討與進步之用。

菜鳥沒人脈，但可以用誠心打動客戶

那信義房屋的業務是如何從敗中求勝？對信義人來說，堅持理念、不斷嘗試，是最基本，也最重要的一件事，但理念與堅持到底有什麼用？真能當業績吃嗎？

事實上，最多新人陣亡的期間，就是在入行的前六個月。因為在這段期間，菜鳥新人沒有人脈可言，要進行的是最容易被拒絕、挫折感也最重的「陌生開發」，也就是不斷的打電話，或是挨家挨戶拜訪，詢問是否有屋主願意委託賣房。但陌生開發本就十分艱難，因價值動輒千萬，甚至數千萬的房產，怎麼會輕易委託給連面都沒見過的「陌生房仲」？加上新人初期的溝通技巧難免不成熟，也就容易讓屢屢被拒絕、狠狠被掛上電話成為常態。

　　二○一七年，從國中老師轉任房仲、要挑戰自我的羅新宇，就在最初幾個月的新人期，飽受壓力。

　　「我都還記得，我在招募現場第一次聽到信義房屋理念的時候，開心到不行，覺得怎麼有這麼『瘋狂』的企業？不談賺錢、不談策略，就是一直談『先義後利』，當天我馬上打電話給我太太，說信義房屋跟老師一樣，都是先成就別人耶！」羅新宇回憶自己初入信義房屋的興奮之情，也說到：「但是新人期間，特別是前面幾個月，好苦

啊！」問起他到底有多苦，羅新宇表示，如果一天被幾百個人拒絕，是不是會令人非常挫折？但在新人階段可是會每一天、每個月，不斷碰到被拒絕，次數甚至高達上千次，所以當然難免會心灰意冷，甚至到了懷疑自己，懷疑人生的地步。

而羅新宇是怎麼熬過這些冷漠的拒絕，拿到第一個房屋委託案的？特別值得一提的是，在羅新宇拿到第一個委託案的過程，更啟發了這位菜鳥新人在隨後的一年多裡，勇奪信義房屋全台北市年度房屋成交量第一名的難得寶座。

與這第一名極大的對比是，在羅新宇還是新人的前四個月，始終接不到委託案，而且就連一件都沒有，加上偏偏跟他同期的新人，有許多人都表現傑出，滿手委託案。於是壓力如影隨形，甚至愈來愈大，因為信義房屋規定，新人在前六個月至少得接下十二件委託案，否則就得重新評估，延長訓練期。

而業績始終掛零的羅新宇壓力雖大，卻仍沒有忘記他是要做一份成就他人、如同老師的利他事業，因此他不僅要自己正向的看待眼前尚未打開的市場問題，甚至比任何人都更積極努力開發客戶，除了更勤走負責區域的商家、社區，見人就熱心寒暄、打招呼，更希望能因自己的存在，對社區帶來正面的能量。

　　而位在市民大道、林森北路的機車行，是他走訪街區時，常會經過的商家。他與老闆經過幾回寒暄、聊天後，逐漸熟識，而這回當他又來到機車行打招呼時，突然一位女子神色慌張的走了進來，原來這位女子的機車故障，要請老闆趕緊道路救援，但老闆也一臉尷尬的指著身旁一排摩托車，這些都是他今日要趕著維修好給客戶的，加上員工又休假，他實在抽不出時間去服務這位女子。

　　眼看女子焦急、老闆無奈，兩人陷入僵局，羅新宇立即直覺反射、毫不遲疑的說：「宏哥，那我去幫忙牽車回來！」然後轉身就請女子帶他去摩托車的出事地點。老闆

眼見羅新宇誠心，加上無可奈何，也就讓他去幫忙了。

　　一到現場，羅新宇發覺眼前只是一台「小綿羊」的輕型機車，於是放心一大半，認為把車牽回來，僅是小事一樁。但沒想到他一推動摩托車，才明白為何女子不自己把車牽過去。原來摩托車的後輪已經鎖緊卡死，無法動彈，導致整台車根本推不動。情急之下，羅新宇突然急中生智，來到摩托車後方，以雙手抬起摩托車，讓後輪懸空，再由女子控制龍頭方向，於是整台摩托車瞬間變成「單輪車」，緩緩的在路上滑行，他們兩人就這樣，艱難的把摩托車推回機車行。

　　回到機車行，羅新宇早已汗如雨下、滿臉通紅。而機車行老闆一看，更是傻眼，心想世上哪有這麼「笨」、這麼「古意」的人？因此突然對著羅新宇說：「年輕人，我的房子給你賣。」這時羅新宇已累到不行感到一頭霧水，覺得老闆只是在開玩笑，畢竟他跟老闆經常聊天，但從沒聽老闆提過有房子要賣，所以要老闆別開他玩笑了，趕緊

幫客戶檢查車況和修理機車。

但老闆卻堅定看著羅新宇說：「年輕人，房仲我看多了，但你是『真』的。所以我的房子給你賣。」感受到老闆的認真與誠意，羅新宇一時間百感交集，想起自己這段時間工作上遇到的種種挫折，不禁激動的流下男兒淚。

意外拿下第一個委託案後，羅新宇終於明白，即便你做的是對的事情，也未必有人會認同，因為人們在一時間並不曉得你是真情，還是假意，但如果長期堅持下去，正向思考每一次的挫折，人心是會被感動的，所有先前的累積也都不會白費，而會轉換成長長久久的信任。

讓客戶相信有一種房仲只賺適合的利潤

事實上，類似的新人故事在信義房屋裡屢見不鮮，有許多人都是不畏屢屢被拒，終獲客戶信任與成交。例如，曾有一位新人知道某一位早餐店的老闆有意出售房子，但

這位老闆對房仲非常「感冒」，這位新人拜訪多次都遭到拒絕，甚至差點被對方放狗咬人。

但這位信義菜鳥並沒有放棄，他連續一個月，都以顧客的身分來這家早餐店吃早餐，並且在這一個月裡仔細觀察老闆，如果老闆心情好時，就會跟他聊聊天，也因此漸漸理解老闆為何如此討厭房仲。

原來老闆的家人曾經歷過黑心房仲的剝削、賺取暴利價差的不好回憶，他在了解這背後可能的原因後，就三不五時分享信義房屋的企業理念，告訴他有一種房仲其實是堅持童叟無欺，只賺適合的利潤。

就這樣一個月過去，這位新人和早餐店的老闆逐漸成為朋友，並讓老闆理解房仲的專業是有其價值與存在必要的。某一天，這位新人吃完早餐後，老闆不僅送他一杯奶茶，表示被他的堅持與誠懇打動，願意信任信義房屋，甚至將房子委由這位新人賣屋。

信義學

現今的復興南京店長梁光輝，也有一番寒徹骨的體悟。原來當年還是菜鳥的他知道有一戶七樓屋主想要賣房，而且屋主對買家有些挑剔，非常希望是「有緣人」來承接，但具體的有緣人條件卻不是說得十分清楚，因此梁光輝每每遇到可能適合的買家，總會去屋主樓下按電鈴，好透過對講機直接轉達訊息。

　　只可惜，梁光輝介紹的買家，這位屋主從來沒有滿意過，所以每次從對講機傳來的訊息，都讓梁光輝一陣沮喪，無功而返。一直到某天寒流來襲，天氣冷到不行，梁光輝原本想躲在棉被裡呼呼大睡，但他突然想起昨日認識一位有意願的買家，不但有國小教師的背景，許多條件也都符合賣家在「對講機」中吐露出來的「有緣人」，因此在天寒地凍之中，他還是前往客戶住處，按了對講機。

　　當梁光輝報告完之後，屋主一陣靜默，梁光輝本以為還是無望，在寒流之中吃了一碗閉門羹，但後來屋主竟然開口表示，外頭天氣這麼冷，還是請他上來一談。就這

樣，不放棄的梁光輝，在一次又一次的嘗試中，終於找到合適的買家，並得到屋主讓他上樓一談的機會，最後更是順利成交，皆大歡喜。

事實上，陌生開發雖然辛苦，但這些都是點滴人脈的建立。諸如上述的羅新宇、梁光輝，或說幾乎所有闖過陌生開發的信義人，到後來都已經不必挨家挨戶按電鈴，從零開始的自我介紹，因為他們以誠信建立起的人脈，初期雖然極為辛苦，但其實正是他們深受信任的基礎，與源源不絕委託案的最好來源。

然而，「拒絕」不只來自客戶，在信義房屋裡還有另一種「被拒絕」的情況，但如能正面看待，就是他們重新審視自己，提升業務功力的絕佳時刻。

沒被選上信義君子，卻挖到無價之寶

在信義房屋內部有一項至高榮譽，叫做「信義君

子」。這項榮譽一年只會選出少數一到兩位獲獎同仁，由於挑選非常嚴格，若無適合人選，該年甚至寧可從缺，而且所謂的信義君子，絕非業績第一就能被選上，而是對外必須獲得客戶極高的滿意度，對內也要獲得分店同仁與主管的一致讚賞。整體而言，必須行如君子，兼備且實踐信義房屋所有美德，才有可能獲此殊榮。

「可以被選上，當然是非常非常光榮，但其實轉念一想，如果沒被選上，也不一定是壞事，甚至可以是好事，」現任信義房屋左營高鐵店店長的陳麗蘭解釋，她自己也曾參選過信義君子，雖然通過了初選，但最後仍沒有被選為信義君子，不過她卻從選拔的過程中，重新檢視了自己的工作狀態，得到了更多的啟發。

能夠參加信義君子選拔的人，業績能力其實都相當不錯，所以有時很可能會因為太過自信，以至於根本看不見自己還有哪些不足。陳麗蘭回想落選之後的她，其實是一次重新開機的契機，因為她看見自己對待客戶可能還是不

夠細膩，對內的思考高度，也只侷限於把自己分內的事做好而已。

　　事實上也因為這一次的落選，讓陳麗蘭更勇敢挑戰「店長」一職。在信義房屋挑選店長可是一等一的隆重大事，因為被選上的同仁即將獨立掌管、帶領一家分店，因此，包含創辦人周俊吉等管理高層，都會到現場仔細考核是否能真正落實「以人為本」的信念。

　　而沒選上信義君子的陳麗蘭，正因她落選之後痛定思痛，不斷把挫折當成進步的機會，最後終於脫穎而出，順利選上店長。至於店長再往上的晉升，則是區主管的選拔，而在這一關如果落選，收穫也非常大。現今區主管之一、外型像是陽光大男孩的許順吉，他樂觀進取與充滿熱忱的特質都令人印象深刻，事實上他也曾靠這個鮮明特質，順利選上店長，然而到了區主管這一關時，他的樂觀進取、活潑開朗，卻未必管用。

「那一次落選，評審其實是在提醒我，當我要帶領的規模已經是好幾家分店時，只有熱情是不夠的，因為那會分身乏術，我不可能同時出現在全部的分店，」總是活力滿滿的許順吉指出，在那一次落選之後，他更虛心的去學習領導與管理的學問，學習如何用理念或是制度，讓自己即便只有一個人，也能夠幫助同仁成長。

個人狀況不佳時，就靠制度與團隊

　　若能保持正向思考，一時的落選，反而會成為一輩子的養分。然而，業務性質的工作，難免起起伏伏，也得靠幾分機運，畢竟世事難料，如果機運不好，或是連續性的低潮來襲，往往也會打擊工作信心，甚至讓員工萌生離職的念頭。

　　畢竟個人單打獨鬥總有疲累的一天，即便懂得正向思考，也難保永遠活力滿滿，倘若團隊中有人能量用罄、陷入工作低潮的話，該如何是好？事實上，這時就得依靠制

度和團隊來帶領夥伴度過低潮與難關。信義房屋內部有一項人事制度叫做「開班、不開除」。

「很多業務工作其實很現實，沒有數字就是請你捲鋪蓋走人，但我們不僅不會如此，還會提供更多資源給夥伴，」信義房屋人資長楊百川指出，信義房屋內部的「峰富計畫」就是提供給業績落後的同仁重新開始的契機，而同仁們也可以自由選擇是否參加。

在這套計畫裡，信義房屋會安排專業的心理諮商師協助員工自我探索，了解自己為什麼以往業績可以做得很好，但現在卻做不好？在根據分析以及後續的協助探索後，很多人往往會發現自己的專業技能及業務功力都在，只是有時因故缺乏信心，或是失去工作的熱情，在自我懷疑的情況下，自然無法交出好成績，也得不到客戶的信任。

而這套計畫就是藉由不斷的找尋問題癥結點、解決問

題，精準的幫助信義同仁度過困境，超越自我。雖然這套計畫並非萬能，但根據信義房屋調查，願意參加的同仁，比起沒有參加的同仁，最終能擺脫業績低潮的比例，明顯要多出十幾個百分比，是有顯著的成效。「但其實，依舊得是同仁先願意自助，才能往上走。因為如果不願意嘗試，那這十多個百分點，依舊是零。」人資長楊百川如此強調。

信義房屋內部不僅建有良好的輔導機制，團隊緊密的夥伴關係，也發揮了強大力量，讓遇到問題的同仁能得到即刻協助。例如，信義房屋曾有一位同仁，原本業績能力很好，卻突然在一年之內，連續發生六、七次車禍，不僅造成腳部受傷，無法順利上下樓，也嚴重影響他的業績表現。或許是因為車禍所導致的種種原因，這位同仁總散發出讓人無法親近的負能量，導致店長也帶不動他，只好將他改調其他分店。

而這位資深同仁一到新的分店，也坦承告訴新店長，

自己是麻煩人物，很抱歉讓他接手。但新店長不僅沒有以異樣眼光看他，反而指派他帶領新人業務，就在其他同事都大為不解，怎麼會把帶新人這麼重要的工作，交給一位業績很差的業務時，奇蹟卻開始發生。

原來這位意外受到重用的資深業務，或許是因為有了發揮的舞台，也或許是因為面子問題，原本就累積了一定功力的他，於是帶著新人，兩人一組的慢慢把業績做起來。說也神奇，原本車禍纏身、導致腳痛無法順利上下樓的他，身體狀況竟也隨著業績好了起來，不僅抱怨腳痛的次數減少，甚至在分店裡也漸漸不再是負能量的來源，而是屢屢帶來正向能量的好前輩。

而這位帶人帶心的店長也透露，其實資深的同事都有一身本領，只是要鼓舞他們，幫他們找到發揮舞台，如此而已。而新人期盼、景仰的眼神，就是這位深受挫折同事能重新站起來的最佳啦啦隊。

房仲業無疑是一份辛苦的職業，要承受被拒絕與挫折的次數，遠非常人所能想像與承擔，但若公司能有一套良好的團隊機制，幫助員工正向思考，便能懂得迎接失敗、擁抱挫折，也唯有千錘百煉，方能百煉成鋼。而沒有受挫的經驗，又何來溫暖人心的服務？

信義
精神

現今的房仲人員必須學會「被拒絕」的能力，

遇到挫折當然可以怨天尤人、發洩情緒，

但時間不要過久，

因為寶貴時間是要留給檢討與進步之用。

正向思考每一次的挫折，人心是會被感動的，

所有先前的累積也都不會白費，

而會轉換成長長久久的信任。

第九章

深耕專業：
用心計較每個細節，
助客戶安心成家

信義的業務們平常身穿 Polo 衫，對人和善親切，溫和有禮，穿梭於街頭巷尾，然而一旦事關客戶的買賣權益，他們便會態度堅定，用他們的專業為客戶挺身而出，用心計較的程度不僅讓人印象深刻，有時甚至比屋主還更堅持不懈。

　　就如二〇二一年夏天剛發生的真實故事，信義同仁林妤糖她承接到一筆土地買賣。而這位地主之所以要賣地，很大一部分原因是他要籌錢治病，但由於年代久遠、繼承關係繁複，該筆土地已被其他鄰地重重包圍、緊緊圍繞，導致若無相鄰地主的同意，怪手等大型機具便無法順利進入。但若怪手進不去、土地無法蓋新建物，自然會嚴重影響土地的價值。

　　為了讓土地能順利賣得好價錢，林妤糖花了一番功夫，四處打聽相鄰地主的身分與聯繫方式，然後一一多次親自拜訪，但即便她將身段放得極低，禮數也很周到，但礙於當地民情，根本沒有地主願意借道，就算是願意開放

通行的，也是開出了相當不合理的天價數字。

　　林妤糖的地主客戶雖然感嘆人情冷暖，但他很感謝信義房屋如此賣力為他四處奔走，所以即便價格驚人，他也願意接受，自己得多花這筆「過路費」，才能賣得好價錢。但即便客戶願意接受這樣的費用，林妤糖仍是不願放棄，堅信山不轉路轉的正向思維。

　　若是提請法律行政訴訟，或許有機會借道成功，但此舉不僅曠日廢時，加上客戶亟需用錢，顯然不是好方法。於是既然鄰地不借道、法律途徑太慢，他們乾脆自己想辦法「找路」。

　　林妤糖透過網路，找到了各年代的衛星空拍圖，再從這不甚清楚的照片中，找到了三條疑似可行的小徑，於是她與分店同仁備妥鐮刀、農用大剪刀，來到這宛如小森林的土地現場，一一探詢可能的「道」。而前面兩條小徑，雖路程較短，但可惜分別遇上地形高低差過大，怪手無法

通過，以及雖然有路，卻會壓過墳墓群，都不是可行之路。

但路終究是人走出來的。他們嘗試開闢最後一條可能的小徑，一路披荊斬棘，光用步行就要走上三、四十分鐘，但終於連接到堤防邊，確定是一條怪手可以開進來的道路，信義同仁當下不由得歡呼連連。

他們辛苦兩個月，被蚊子咬得渾身發癢，甚至也沒有因此多賺一分錢，但一切辛苦終能為客戶的土地賣出好價錢，一切辛勞為的是客戶臉上的開心笑容與感動神情。

這就是信義房屋的專業之道：用心計較（台語），不畏辛難的為客戶爭取權益。他們不僅熟悉法規、身懷不動產交易的專業知識，他們更把每一筆交易，都當成自己親人的買賣，於是不僅計較於買賣的價格、專業法規，更用心於創造更多可能的價值。

專業查探屋況，用心解決問題

　　信義房屋的同仁們也常笑說，自己有開不完的會、上不完的課。因為公司總不斷與時俱進的安排新課程，或是不厭其煩的幫大家複習所有的專業知識，而事實上，正是這些課程與提醒，讓信義房屋的同仁不僅有深厚的功力，更有正確的心態。

　　例如，信義同仁羅新宇有一回進入某位客戶位在新北市的家中時，以他的專業直覺，就隱隱感覺客戶告訴他的坪數似乎不對。屋主曾向他表示，屋內坪數大約三十坪，但羅新宇卻感覺這房子的實際面積，應該是還要再大上三坪左右才對。但通常屋主對自家面積都是斤斤計較，絕不會刻意少報，畢竟寸土寸金，若少了幾坪面積，可能就是百萬元左右的損失。

　　因此，羅新宇還特意樓上、樓下奔波，請教同格局、但不同樓層的鄰居們。結果果然發現，這位客戶的陽台面

積在當初不知為何，竟沒有被登記納入權狀中，因此造成實際面積被少計算達三坪之多。而羅新宇更不厭其煩的陪著客戶前往地政事務所進行陽台面積補登，換算出應有的成交金額，羅新宇靠著專業與用心，一舉就幫這位客戶守護住高達百萬元的金額。

願意用心、勤勞多跑多問，正是信義房屋的風範。還有一位信義同仁也分享，有一回他照著公司規定的流程，一一檢查屋況時，其中一項是要確認是否為「凶宅」（非自然身故）的調查，而他照著流程，詢問了大樓管理員與鄰居，卻發現管理員支支吾吾，顧左右而言他，察覺異狀的他於是再追問了其他鄰居住戶，鄰居雖然表示社區一切平安、未曾有事故發生，但因為這些住戶大多年輕，或是剛搬來不久，他回想起管理員的推託神情，仍是放心不下。

於是他離開社區，找到了當地的老里長詢問。花了一番功夫與里長攀談了許久之後，這才追問出原來在多年之

前，確實曾有房客不幸在這間房子裡燒炭身亡。

「公司其實有詳盡的各種資料庫，包含凶宅等等，但我們都習慣將客戶買房子都當成是自己要買房子，所以自然處處用心。雖然大多時候都是『白操心』，屋況都沒有問題，但換回的卻是無價的安心，」這位信義同仁更認為，就算一萬次檢查，只會得到一次成效，但對那一位客戶來說，就是意義非凡的一次。

而信義房屋讓人更加信任的是，倘若屋況有問題，他們不僅坦承告知買方，更當成是自己家的問題，努力幫客戶解決。例如，信義同仁李明鴻在銷售新北市某一間房子時，就發現屋況本身雖然並無問題，但是在房子外面公用的樓梯間部分，卻有鋼筋外露的瑕疵，而他不僅確實告知新的買家，更擔起聯繫大樓住戶協商修繕的工作。

而過程中也非一帆風順。有住戶表明不願意分擔修繕費用，有些則是不相信李明鴻真的有這麼熱心，質疑李明

鴻是不是中飽私囊，專門找有回扣的師傅進行修繕？奔走到最後，也有住戶失望的表示如果大家都這麼不團結，乾脆房子就放著，就等某一天倒掉算了。所幸最後有些住戶被李明鴻的熱心感動，願意居中協調，幫忙收款，並說服大家該修理的就得修理，才讓客戶不僅買到房子，全體住戶更有一個新的樓梯間，再無鋼筋外露的問題。

了解法規，更謹守法規

而除了屋況之外，信義同仁對買賣上的法令、稅金條文同樣嫻熟，並積極給予客戶建議與協助。事實上，信義同仁陳俊吉就曾服務過一棟在法律認定上頗為特殊的房子。原來一般的房子會有兩張權狀，也就是土地權狀與建物權狀，好認定土地產權、建物產權與建物合法性。

然而，陳俊吉接下的案子，卻偏偏只有土地權狀，也就是說土地之上的建物雖然已經存在，卻尚未取得完整合法性，屬於妾身未明的狀態，這當然也就導致了這棟房子

的賣價受到低估。因此陳俊吉花了約六個月時間，跑遍地政局、稅捐處、台電、自來水公司等地調閱資料，並一一破解難關，終在百轉千折後，成功的在地政局申請到建物權狀，讓房子的價格恢復到正常水準。

「雖然最終房子不是透過我成交，但客戶很感動我們的專業與付出，堅持要包一個大紅包給我，我當然予以婉拒。其實透過這次的過程，我的專業知識又提升了不少，而這就是最好的收穫，」陳俊吉更指出，他也把這一次申請建物權狀的複雜流程，寫成文字與信義同仁們分享，為的就是透過自己的經驗，讓全部同仁與客戶都受益。

面對複雜的條文、專業的法規知識，民眾在初次閱讀條文時，總不免吃力，一時間難以全數、全盤理解。因此，民眾除了勤做功課之外，慎選可信賴的房仲，也絕對是在不動產交易中必須留心的一環。

一般的房仲業者，在面對稅金等條文時，或許是因為

專業能力不足，又或者是為了盡快賺取佣金，往往沒有老實告知賣方，但只要一處不留心，就會造成客戶嚴重損失。例如，信義房屋協理陳毓禮就曾遇過一位客戶，委託他賣一棟價值不菲的透天厝，但陳毓禮一到現場察看之後，就真誠建議這位客戶當時應該不是賣的時間點，因為這棟透天厝正被承租戶當做商家店面使用，所以很可能無法享有「自用住宅用地」稅率，陳毓禮更為客戶計算，倘若無法使用自用稅率，稅金價差則會高出一百八十萬元之多。

但這位要賣透天厝的客戶卻很有信心的表示，他雖然讓承租方將房子做為店面使用，但承租方有跟他保證過並沒有把這個地址登記為公司行號，所以在法令上他們應該仍屬「自用住宅」。而這位客戶還表示，之前他也有找過別的房仲，他們也都拍胸脯擔保表示這樣的情形他們見多了，肯定可以享有自用稅率，要他安心盡快買賣。

但陳毓禮委婉向這位客戶解釋，倘若有了差錯，那這

一百八十萬元的損失其實是屋主自負,那為何不多花一些功夫調查清楚?這位客戶想了想之後,終於接受陳毓禮的建議,備妥了資料讓陳毓禮去查清,結果一查才發現,在國稅局的認定中,這棟透天厝真的是公司行號,屋主根本無法享用自用稅率,所以當時如果賣出,他確確實實得上繳一百八十萬元的稅金。

於是陳毓禮建議客戶,既然租約快到期,那乾脆他就先將戶籍遷入自用一年,然後再出售。也因此,在將近一年過後,陳毓禮打算跟這位客戶重新聯繫時,這位客戶反而先想到陳毓禮,要再委託他賣這間房子。不急著要客戶賣房子、不讓客戶蒙受巨額損失,信義房屋的同仁不僅專業,更是完全以客戶最大的利益著想,讓客戶成為最大贏家,使得信義房屋深獲客戶的信任。

熟悉法令的信義房屋,面對法規,他們只有一件事情不做,那就是絕不玩弄法令或文字遊戲。陳毓禮也碰過一位客戶,權狀上明明只有三十多坪,但客戶卻要求在對外

的宣傳上，一定要大力強調房子的「使用面積」是五十多坪。原來這位客戶是把產權屬於公設的露台，自行增建輕鋼架屋頂，並將露台直接延伸算成他家中的一部分。

「對不熟悉不動產的民眾來講，他未必能了解『使用坪數』、『權狀坪數』的差異，但這是完全不同的內容，以露台增建屋頂來說，萬一被民眾舉報，很可能屋頂全部拆除。所以我們根本不可能以所謂『使用坪數』來宣傳吸引買方，」陳毓禮指出，客戶的增建屋頂並非鋼筋水泥，只是輕鋼架，在防水上不無疑慮，因此他委婉、但明確的告知客戶，如果要委託信義房屋賣屋，他們不可能強調使用坪數，以免誤導民眾，而且也會清楚註明增建屋頂的材質在防水上不如鋼筋水泥，有其風險存在。

可惜面對這樣的要求，這位客戶並沒有答應，而是委託其他房仲出售。陳毓禮坦言，他明白只要敢打「五十多坪的空間，三十坪的價錢」這類廣告，一定很快能吸引買家，也能迅速成交，但無論如何他們都不能違反法律，讓

客戶觸法。事實上這間他婉拒服務的房子,在一、兩個月後就售出了,然而幾個月過後,他再前往該社區服務時,卻從鄰居口中得知,那棟露台增建的屋頂,已經開始漏水,買方哭訴無門,而賣方與仲介根本不願負責,於是新屋主只好一狀告上法院。

陳毓禮認為信義房屋雖有優異的專業能力,但最重要的是,他們不以這份能力欺凌資訊不對等的民眾,而是用他們的專業,真誠圓滿的保障每一位客戶的權益。

寧願少賺,也要為客戶創造價值

其實對房仲來說,最終極的專業考驗往往是,當客戶的利益與個人利益衝突時,應當如何抉擇?

事實上,信義同仁梁光輝就曾遇過這樣的抉擇。原來梁光輝與他的同仁,曾為一家位在三峽的企業找尋新的廠房用地,後來在他們積極奔波往返之下,也為客戶找尋到

位在土城的廠房，而客戶也相當滿意，準備簽約。

　　然而，即便客戶滿意，但梁光輝與信義同仁仍覺得，他們應該可以找尋到更適合客戶的物件。這是因為客戶家住三峽，舊的廠房也在三峽，如果能在三峽當地找到合適的廠房，應該是最理想的。因此他們沒有放棄，繼續尋找洽談。而天道酬勤，果然趕在簽約前，梁光輝就在三峽為客戶找到更合適的廠房，於是不僅為客戶省下交通距離，總金額更是省下一千多萬元。

　　然而，總金額省下一千多萬元，但從買賣總價中抽成的仲介服務費，不也就跟著少了？信義房屋也因此少賺？然而，這就是信義房屋的專業，他們不追求利潤極大化，而是願意幫助客戶，與客戶共同成長，然後再獲取適當利潤，做長長久久一輩子的生意。

　　事實上，當信義同仁能為客戶省下一千多萬元，而且又是更為合適的不動產物件，如此為客戶創造高價值的服

務,那麼將來當這些客戶或其親友有房地產需求時,自然會第一個找上信義房屋。

而另一種終極考驗是,房仲的專業能力再怎麼強,也有極限,若遇上存心欺騙的屋主,終有連房仲也受騙上當之時,因此,買賣糾紛在所難免,但房仲人員的心態與服務才是關鍵。

梁光輝就坦言,他曾經遇過一位是有心欺瞞屋況的賣家,因為這間房子裝潢得非常漂亮,用了許多木頭材質,因此有一位客戶特別喜歡這木質設計而買下。

然而,就在買賣雙方簽約之後,新屋主帶設計師來準備裝潢時,這才發覺在木質裝潢旁,竟出現一小堆、一小堆的木屑粉末。在設計師告知新屋主,信義房屋也找專業人員鑑定後,才發現確實是裝潢裡已有嚴重的蟲蛀問題,那木屑粉末正是蟲蛀的咬蝕痕跡。

「我們找了蟲害防治公司諮詢，大概可以確定，這不是十天、半個月累積的，應該是之前的屋子就有的問題。而前屋主很可能是每次我們帶人來看屋前，他就先一步將木屑粉末掃掉，營造太平假象，」梁光輝坦言，這類白蟻蟲蛀的屋況瑕疵，若遇上存心欺騙的屋主，實在難以察覺，因此往往最終結果，就是買賣雙方對簿公堂，鬧得烏煙瘴氣。

　　但這絕非信義房屋所樂見，因此信義房屋不斷推出漏水、海砂屋等保障，甚至更領先業界，在二〇一九年有了蟲蛀保障。因此，後來梁光輝不僅向前屋主提出索賠，更不等索賠結果，就先一步補償新買家，不僅為新買家除蟲、補償裝潢費，更努力安穩新買家的情緒，不讓他感覺孤立無援，而是有一位專業的夥伴與他一起想辦法解決。

　　「屋況問題我們會陪著處理，而客戶的情緒，更要去承接、理解，並且試圖圓滿買賣過程，」梁光輝坦言，他也明白多數房仲業都是選擇置身事外，沒有提供蟲蛀保

障，畢竟欺騙人的是前屋主，獲取不當利潤的也是前屋主，房仲也是受害人，但信義房屋一向秉持先義後利，會將客戶的損失，當成自己的損失，願意一起承擔，即便自己沒有過失，也願意承擔責任。

專業能力像是雙面刃，可以用來保障、幫助客戶，也可以為了一己之私，用來傷害、侵犯客戶權益。所幸信義房屋向來秉持正向面對一切問題，更以其深厚的專業，為客戶「用心計較」每一個細節。當他們用心計較時，那份斤斤計較為的都是客戶權益，而那份用心，更已經把客戶真誠的當做家人、親友守護著。

這正是在本書一開始所提到的「先義後利」的兩層思維，一層是著眼於長期利益，願意先行義、先付出，犧牲短期利益（義利有先後）。另一層則是真正的難處，當眼前的正當之事（客戶利益）與個人利益產生衝突時，信義人應該毫不猶豫選擇堅定行義（義利是取捨）。

信義精神

信義房屋雖有優異的專業能力，

但最重要的是，

不以這份能力欺凌資訊不對等的民眾，

而是用他們的專業，

真誠圓滿的保障每一位客戶的權益，

為客戶「用心計較」每一個細節，

把客戶真誠的當做家人、親友守護著。

第十章

以愛傳愛：
用愛把家變大，
社區即一家

「黑暗無法驅逐黑暗，唯有光明可以。仇恨無法消弭仇恨，唯有愛可以。」這是人權捍衛者金恩博士的大愛理念。而擁有如此大愛的，還有信義房屋創辦人周俊吉，即便已投入超過四億元的金額，遠超出當初的預期，但他仍堅持要分享給台灣社會一份無價的愛與凝聚力。

二〇〇四年，台灣總統大選時，發生了三一九槍擊事件，不僅造成社會嚴重撕裂，衝突對立、猜忌懷疑也令人民之間的信任蕩然無存。在沒有人能說服藍綠雙方的政治領袖放下一切，消弭動盪，周俊吉認為他能做的，是慢慢找回與喚醒台灣最美的風景——人情味。

「早期鄰里間，鄰居彼此熟識、彼此照應，你的孩子我會幫忙看顧，如果女兒長大出嫁，那更是全村熱鬧的大事，也像是自己家的喜事。早期台灣物質匱乏，但我們的人際與心靈卻很富足，很願意彼此信任互助，」周俊吉認為，若能在鄰里間找回，甚至創造出這份美好與信任，當有助於重新凝聚整個惶惶不安的台灣社會。

因此，在二〇〇四年台灣社會動盪對立之際，周俊吉提出了信義房屋將以一億元贊助台灣各地的社區計畫，表示只要是能凝聚鄰里人心的想法，都歡迎社會大眾踴躍提案。有趣的是，光是執行計畫本身，就已經幫助人們重新找回信任感。

一份信任，引發更多良善與信任

雖然信義房屋在計畫之初，就已言明他們只出贊助經費，絕不會介入評選過程，但就連信義房屋邀請來的評審們、社區營造的先驅學者，對此也是半信半疑，認為哪有企業願意豪擲一億，卻毫無所圖？其中一位評審就坦言，他其實一直在等待、觀望，信義房屋何時會來「關心」一下得獎名單？

但從初選、複選，一直到最終決選，信義房屋屢屢讓這位評審「失望」。因為信義房屋真是說到做到，只默默出資，卻毫不過問與干涉，於是這也才讓評審們更加信任

信義房屋，願意長年投入心力，支持這項計畫，指導地方民眾落實和推行。事實上，「社區一家」的評審們下鄉舉辦說明會時，都會直言提醒，打算參加提案計畫的民眾，千萬不要試圖「討好」信義房屋。

「有些民眾會在計畫書中，提到他們會用得獎經費，做一個大大的信義房屋圖像或廣告，然後放在社區顯眼處，但我們都會跟民眾說，千萬不要這樣寫，因為經費不是這樣用的，而且在評審名單中，信義房屋可是連一席都沒有，」台灣社造聯盟理事長、曾任多年社區一家評審的盧思岳強調，正因為信義房屋是「玩真的」，所以才能連續這麼多年深獲社會好評。

其實就連最初的得獎者也不免懷疑，自己拿了經費補助之後，會不會要幫信義房屋「賣房子」？例如，在第一屆獲得贊助的計畫、「台南永康故事人」這位提案人是從未寫過企劃案的家庭主婦沈采蓉，她的起心動念，是基於在地的圖書館只有一座，功能並不彰顯，她希望透過舉辦

故事列車，能為鄰里巷弄內的孩子們說故事，但她沒想到這麼「簡單」的提案，竟然獲得了評審青睞。

因此，當被通知即將獲得一筆經費，贊助她的說故事計畫時，沈采蓉反而開始擔憂，心想天下真有白吃的午餐嗎？於是頻頻打電話詢問「社區一家」計畫承辦人，而當反覆確定自己真的不用幫忙賣房子，信義房屋並無他求，只是真心想幫忙地方之後，感動之餘，她更加全心投入心力經營社區。

正因得到經費贊助，沈采蓉把原本在自家樓下車庫說故事的活動，延伸得更廣。她不僅讓巷弄成為「中興故事巷」，最後更籌組「南瀛故事人協會」，這些年來，除了擴大奉獻範圍，更培育了多位說故事的師資，說了一場又一場的故事。

而信義房屋的信任，更落實在計畫的實際執行上。原來政府也支持社區營造，並開放經費申請，但對於經費的

用途卻有不少限制，在最終核銷報帳時，標準也更嚴格。

　　其實這些官方要求，程序上並沒有不對，但正如作家李昂在走訪「社區一家」的得獎單位後，有感寫下的觀察：

　　「但在花東的牛犁社區，我卻經歷了一次小小的震撼。那是當我看到兩部車的車門上就印有信義房屋『社區一家』贊助的字樣時。『社區一家』也贊助車子？這的確是我在社區工作中少見的。我見過一些官方單位支持的社區工作，雖有一套號稱『完整』的核銷方式，可是事實上，只使得錢更難花在刀口上，因為每個社區最需要的東西不盡相同。而要報掉這類開銷，通常有困難。官方單位有核銷的方式，這我無意批評。但當我知道信義房屋拿出一億來做社區工作時，我著實心中暗念：「不要重鑄那樣因報帳、發票而導致的績效不彰。」

　　所以當我看到牛犁社區這兩部因『社區一家』計畫得以購買來使用的車子時，我不禁大笑出聲：『真好。』真

好，表示這一定是因為贊助者與社區間有足夠的互信基礎，贊助者不怕社區胡亂報帳，用在不該用的地方，或者圖利什麼；而社區工作者也自愛自重。

於是，少掉繁文縟節的報帳手續（我們都知道有不少時候是『買』發票來報掉開銷的），而錢真的用在最該用的地方。」（節錄自《上好一村》）

李昂在後文更記載，一份信任，換來的兩台車，可以對這個社區，帶來多少實質幫助。其實居民們顯然也把信義房屋的贊助經費，用得如自家錢般的謹慎，因為一部廂型車、一部發財車，總共也才花費三十五萬元，而這兩部車也幫助當地居民款待更多來訪團體，不僅能接送訪客，更協助運送午餐的碗盤瓢盆。而平時在社區裡的馬路上有許多坑坑洞洞，里長雖然願意補平，也有一部小壓路機，但在過往卻沒有車子能把壓路機載運過去，因此里長補的路始終不甚平整，但有了信義房屋贊助的發財車後，問題也就迎刃而解，讓地方重獲「太平」。

一份信任，會引發更多良善與信任。而或許正因效果遠超出預期，讓原本五年為期的計畫竟一路持續至今，到了二〇二〇年已贊助達兩千六百零八個社區，不僅總經費突破四億元，更實際幫助了許許多多的人。

幫人們找回「家」的感覺

　　信義房屋之所以推動「社區一家」這項計畫，主要是期盼人們用愛把「家」變大。例如，有的提案人集結住戶鄰居們，將原本髒亂的公用樓梯間重新粉刷、整理，於是梯間不僅變得明亮整潔，對所有參與的人來說，原本家門之外的空間，更是充滿了溫暖、互助的美好記憶，讓家的心靈範圍在無形中擴大了。

　　然而，「社區一家」推動十多年下來，這些獲得贊助的提案中，有些民眾其實是真的失去了原本的「家」，但靠著提案人的努力、許多夥伴的參與以及信義房屋支助的經費，讓這些人有重新找回「家」的感覺。

例如，「逆風劇團」就幫助了一群輟學、需要高度關懷的青少年重新找回「家人」。逆風劇團的三位創辦人：成瑋盛、邱奕醇、陳韋志，都曾經是讓鄰里間頭痛的問題少年，甚至成瑋盛雖然沒有加入過幫派，他卻曾經自組幫派，然而原本年少輕狂、醉生夢死的歲月，卻因為一次參與劇團的意外經驗，改寫了人生。

　　原來高中歲月，成瑋盛在校園裡組起幫派，卻看見身旁的朋友，不是留級，就是被判刑入獄，甚至他的一位朋友，因為不想被關進監獄，最終自殺離世。到場參加喪禮的成瑋盛突然明白，如果自己再這樣下去，不僅辜負生命，也不曾真正的「活著」。而剛好他在一次學校活動中，聽見戲劇社的同學在台上謝幕時，眼神清澈的說著：「如果你想改變自己、想完成夢想，歡迎加入！」於是成瑋盛就加入了戲劇社，開始他的改變之路，並且引領許多人改變。

　　成瑋盛與他的夥伴們都明白，像他們這樣的「非行」

青少年，看似桀驁不遜、旁人難以親近，但其實心裡極度渴望家人。「逆風劇團」雖說是一個劇團，但其實更是這群少年的「家」。

成瑋盛等人不只教他們演戲、發洩情緒、感受別人的感受，更陪伴他們度過生活中的高低潮，更因為他們是過來人，所以很能感同身受這群青少年的「潛台詞」，他們的逞凶鬥狠，有時只是為了掩飾心中的惶惶不安。劇團中的多位學員也曾真情流露的表示，在這個劇團中最大的收穫，就是覺得有人真心在乎他們。這群孩子像是找到了一個家，重新理解了「家人」的定義。

「逆風像是『第二個家』，我們努力把這第二個家做到最好，是因為很多孩子，他的第一個家其實並不完整。而逆風的孩子們，以後可能會自己組第三個家，有自己的下一代，而為了他們與他們的下一代，為了他們將來第三個家，我們必須現在就給他們家的溫暖、家的感受，」而如何辦到這點？成瑋盛自信的表示，就是得比他們的家人

更愛這些孩子，在他們有狀況時，願意永遠在他們背後。

「但平常時，也要學會放手，讓他們成長，」成瑋盛解釋，因為有些孩子也會吃醋，覺得他們對新來的孩子比較好，但成瑋盛等人都會抓住機會解釋並告知，一來你已經長大，二來你也要學習去付出愛，去照顧新的夥伴，如此這個「家」才會愈來愈大，愛才會生生不息。

而努力找到「家」的，還有一群嫁到台灣的新住民婦女。事實上，在台灣的新住民第一代與他們的第二代雖然人數已超過百萬人，但在十多年前，這些新住民卻仍經常受到歧視，因此她們仍與這塊土地有著深深的隔閡感。

「十多年前，當時大多數人對新住民還沒有正面的看法，所以如果哪個小朋友的媽媽是外籍住民，就很容易被同學嘲笑。而我們的孩子總有一天會上國小，所以我們心中都想做些改變，」多位由屏東縣「好好婦女權益發展協會」培育出來的新住民師資，如胡清嫻、徐麗麗、蘇玉英

等人都表示，在協會的鼓勵下，她們從害怕難過、覺得舉目無親，到勇敢站上第一線，藉由各種課程與活動，努力翻轉當地人對她們與家鄉的誤解。

而培訓新住民婦女、推廣多元課程，用的正是二〇一〇年「社區一家」所補助的經費。值得一提的是，當初由屏東在地婦女團體所申請的經費，並非是要用於培訓新住民婦女，而是要記錄當地女性，包含好好婦女權益發展協會創辦人蔡柔順等人，她們如何投入河川保育、成立社區關懷據點等在地運動，但後來這批傑出的當地女性更發覺，新住民婦女們所面臨的歧視壓力，將造成難以想像的傷害，因此蔡柔順與好好婦女權益發展協會便決定將部分經費，用以訓練這些新住民夥伴。

其實正是信義房屋充滿信任的精神不拘泥於繁文縟節，才讓這些美好成真。否則若是拿一般官方政府經費，倘若預算都核准了，中途才要變更用途，那即便是一番美意，恐怕也無法順利成形。

而神奇的是，原本弱勢的新住民婦女在不斷參與地方活動後，不僅變得自信，更得到當地人的尊重，甚至開始回饋這塊土地。每年數百場的在地活動，這群有生命力的新住民婦女常常帶著阿公、阿媽跳泰國舞、認識越南美食、學說簡單外語，長輩們在不斷的相處之中，也漸漸扭轉了原本帶有歧視的心態。

　　「有的老人家講話比較直。一開始會問我：『你老公用多少錢買你回來？』我們就會糾正說不是買，老公是到越南，用當地禮儀娶我回來。有的長輩也會問說：『那你賺的錢是不是都拿回越南？』我就說：『阿公、阿媽，過年時你們的孩子是不是會給你們紅包？那我們也是一樣孝敬長輩的心啊！』」胡清嫻說也許講一遍，長輩還是不相信，但講了三遍以上後，漸漸觀念都導正了。

　　而最後，這批新住民婦女甚至幫在地的長輩辦起老照片展覽。來自越南的蘇玉英，因為想讓在地長輩重新看見自己年輕時的風采，因此舉辦了這個展覽，雖然過程中不

免有長輩質疑，說她這個新住民沒事辦這個幹嘛？蘇玉英雖微微受傷，但她沒有忘記活動的初衷，仍是堅持舉辦，最終當她看見前來的長輩與民眾們臉上都找回當年照片中的光采，而老人家們也不斷跟身旁的親友孫子，訴說當年的青春歲月，傳承他們的人生故事，讓蘇玉英覺得當初的堅持是對的。

事實上，文化就是靠不斷的累積堆疊，方能在土地上扎根。在屏東當地，蘇玉英等新住民婦女很感謝有「好好婦女權益發展協會」與信義房屋的「社區一家」，分別帶給她們人脈資源和經費贊助，才能讓她們靠不斷的活動、教育的累積，翻轉孩子被歧視的劣勢，成功讓新住民在當地感到「家」的溫暖。然而，她們也知道，這只是部分社區，還需要更多的努力才能讓整個台灣社會改變對新住民的認同。「社區一家」所舉辦或推行的活動或許只限於當地，但最難能可貴的是，每一個受贊助的單位都可能帶起更多漣漪故事，不斷將愛傳遞下去。

以愛傳愛，終至全台一家

　　而愛會傳遞下去，並且會以我們想像不到的方式，繼續綻放。正如宜蘭北成國小的顏廷伍老師，擅長教導孩子和長輩拍攝社區紀錄片，並以此獲得「社區一家」的補助。

　　在教學過程中，顏廷伍教導孩子們學會攝影技巧，但顏廷伍沒有想像到的是，有一位他指導攝影的孩子，在參訪、拍攝花蓮西富國小後得知，西富國小因為學生人數太少，所以從來沒有廠商願意幫他們拍攝與製作畢業紀念冊。而這位孩子心想：「我們不是從顏老師身上學會攝影嗎？」於是他與幾位同學就相約一同到西富國小，免費且熱心的為當年的四位畢業生拍攝帶有回憶與愛的專屬畢業紀念冊。

　　類似的案例實在太多太多了。或許正如作家劉克襄在拜訪多個「社區一家」得主後，寫下的採訪後記所言：

「當一個人願意熱心投入，以無私的精神奉獻鄉里，往往會感動周遭的鄉民，進而引發大家的相繼投入，在齊心協力的過程裡，完成許多困難的任務，更帶來了整個社區的質變。」（節錄自《上好一村》）

　　其實這段話說的是每位「社區一家」的提案人、每個計畫的關鍵領頭羊。但如果縮小尺度，將台灣當成一個社區來看，這段話說的又何嘗不是信義房屋與周俊吉？

　　二〇〇四年，面對總統大選的紛爭，社會的動盪不安，周俊吉選擇以愛出發，用愛停止紛爭。看似也許繞了一大段遠路，但他卻在二〇一七年因「社區一家」的付出，從總統手上接過「總統文化獎」的肯定。周俊吉終究還是以某種方式讓政治領袖、全國民眾，感受到他的理念。

　　這種方式乍看緩慢，卻是真真切切的讓許多人的生活變得更加美好。其實只要人人都願意以愛傳愛，當社區一

家之後，必然是周俊吉與信義房屋所盼望的美好世界：全台一家，愛滿人間。

信義
精神

一份信任，會引發更多良善與信任。
當家門之外的空間充滿了溫暖、互助的美好記憶，
家的心靈範圍也就會在無形中擴大。
信義房屋期盼透過推動「社區一家」，
讓人們用愛把「家」變大，
在鄰里間找回和創造出更多的美好與信任，
重新凝聚整個惶惶不安的台灣社會。

結語

信任，帶來永續好生活

信義房屋視為核心價值的先義後利、以人為本、正向思考三大理念，各有其重要意義及效用，但當這三大理念兼容並蓄、合而為一之後，其所帶來的影響，不僅十分巨大，也是當今人類追求的目標，希望世界未來能建構一個「永續社會」。

二〇二一年是信義房屋創業四十週年，他們拋出了在房仲本業與不動產領域之外，要為世界帶來「永續好生活」的創新思考與作為。

信義房屋踏出的第一步是踩在藍天白雲、細細的白沙海灘之上，而碧海裡，有珊瑚、海龜、熱帶魚，宛如人間仙境。這是一座位在馬來西亞沙巴的一個島嶼，離最近的城市約莫要五十分鐘的航行時間，頗有遺世獨立的味道，這座島嶼也因其綿延八公里的美麗海岸線都是由細白沙灘所環繞，而名為「環灘島」。

這座像是桃花源的島嶼，原本要大興土木，除了要砍

樹整地、增設飛機跑道，好迎來源源不絕的遊客，更準備設置十處高檔奢華的熱帶渡假區。前業主在追求利潤最大化的前提下，計畫大規模剷平原生林地、破壞既有物種生態，而日夜起降的載客飛機與大量遊客湧入，恐將造成難以想像的碳排與汙染。

所幸，接手買下這座仙境島嶼的是信義房屋創辦人周俊吉。周俊吉胸懷的藍圖是規劃出一座「零碳島」，也就是一座永續之島。因此，不但不會剷平樹林，鋪上水泥飛機跑道，也沒有飛機起降，以及大量的碳排放及汙染，原本十處渡假區規劃，也被周俊吉大筆一揮，只留下兩處。

島上的生活，如食材，更是追求自給自足，以降低食材的碳足跡。周俊吉不僅計畫將前業主用來賺錢的渡假勝地，拿來種菜養雞，甚至還笑著說，自己年輕時當過養雞工人，曾日理萬「雞」，說不定自己年輕時的所學，能拿來貢獻給這一座永續之島。

所謂的「零碳」目標，周俊吉是以相當嚴苛的標準定義。除了竭盡所能以乾淨能源來支持渡假區基礎設施的日常營運，大幅度縮減不必要的碳排放，更希望能夠輔以大量栽種樹木的綠碳、新興科技的海洋藍碳，及友善環境的食物計畫等各種環保手段，來「斤斤計較」整體碳排，透過碳中和追求淨零排放。

　　也因此，「藍碳」（Blue Carbon）思維雖然在國際間仍屬新興科技，但周俊吉希望透過保育珊瑚礁、復育海龜等生物，除了讓沿岸與海洋生態系比以往更好之外，更期許珊瑚礁、海洋生態能發揮藍碳作用，從大氣中捕捉碳排。尤其是，藍碳減少碳排的效果並不亞於綠碳，海洋占地球表面積的七成以上，若能好好發揮藍碳效果，定能成為追求地球永續的一大助力。「台灣也是四周環海，所以藍碳的概念與技術，十分值得我們努力追求，」雖在馬來西亞創新零碳島，但周俊吉更心懷台灣。

　　不過周俊吉也坦言，以零碳、永續思維來經營環灘

島，其實也大為增加營運風險。一來目前零碳、綠能技術，仍有進步的空間，因此為了達到零碳，信義房屋所投入的成本可說是超乎想像。二來為了達到零碳排，環灘島所容納的遊客人數，其實是從十處渡假區限縮到只剩兩處，因此獲利空間自然也嚴重受限。

那麼，周俊吉到底為何願意花上十四億元買下這一座島嶼，甚至投資了比買島更多的金額來追求零碳？

堅持才能等到花開

其實細看環灘島的規劃，不難發現在這零碳思維中，也蘊藏著信義房屋的三大理念。例如，周俊吉先追求「零碳」，讓環灘島本身營運達到零碳，為地球減少碳排，先對環境、社會有貢獻，然後再追求合適的利潤，這與信義房屋當年以「先義後利」發跡，可說如出一轍。

在以人為本上，周俊吉更是有感而發。「二○二一

年，台灣乾旱缺水、加州森林大火、紐約與鄭州暴雨水患……，極端氣候已成今日全球不可忽視的問題。我們投入環境永續，正是因為地球上每一個『人』，都已被極端氣候威脅著，」他認為在極端氣候的今日，民眾的每一個消費選擇與日常行為，其實都深深影響到其他人的命運，甚至是自己的命運。因此，每一個企業和每一個人都必須仔細思量企業與人的關係，要能因自身的存在而造福人群，這也正是信義房屋逐步獲得民眾信賴的關鍵。

而在正向思考上，周俊吉強調，雖然環灘島的零碳計畫所費不貲、造價驚人，但在價值創新上卻是關係你我未來的正確投資。「創新，可能會失敗、會跌倒。但如果一家企業存在於社會，卻沒有貢獻與創新，那會不會才是真正的失敗？」周俊吉知道，當他拋出零碳島概念後，若是很快引起媒體重視，登上財經雜誌封面，那麼環灘島計畫，不管未來如何，已經開始正面影響這個世界，提醒更多人思考永續的議題。

就如同信義房屋雖然懷抱著好價值與正確信念，但也是咬牙撐過多年虧損，才逐漸有了今日局面。周俊吉深知，即便理念是對的、可貴的，也需要長期堅持，一顆種子也才能逐漸開花結果。

為對的事勇往直前

事實上信義房屋在過去精采的四十年之中，在三大理念的引領之下，有太多的作為與策略，不管是有心或無意，都是朝著永續境界出發。

就像在公司治理上，周俊吉明明是大股東，卻是律己甚嚴，刻意為自己「加鎖」。例如，主管機關要求金融機構與實收資本額 100 億以上、非屬金融業的上市櫃公司，於二〇一四年起強制設立保障投資人、落實公司治理、獨立運作的審計委員會，而實收資本額達 20 億以上、未滿100 億的上市櫃公司，則須於二〇一七年起也必須強制設置；但信義房屋早自二〇〇七年就已經有審計委員會的設

計，且自二〇一三年起將獨立董事席次增為四席，超過全體成員的一半以上。也就是說，如果公司重大提案不能取得獨董的認同，光靠公司派的席次無法強渡關山，決定公司營運方向。

審計委員會的權限其實十分大，諸如重大資產交易、對財務主管、稽核主管任免、財報認定，都需經過審計委員會同意，否則必須召開董事會，重新討論，並獲得三分之二以上的同意方能實施。而非屬金融業、資本額也並非大到驚人的信義房屋，卻遠遠走在主管機關之前、很早就主動邀請社會上的宏儒碩學，或是業界赫赫有名的人士，擔任信義房屋的審計委員會成員。

周俊吉表示，他期盼用最嚴格的標準，讓公司有最好的治理，如果審計委員會覺得提出的策略不可行，那他們當然虛心接受、重新檢討，因為審計委員會必然是用信義房屋以外的角度來審視一切，而如此標準將有助於企業邁向永續。

事實上，自台灣證券交易所頒發「公司治理評鑑」以來，信義房屋已連續七年分數都落在前五％。這樣的成績無疑是近千家台灣上市公司中的佼佼者，以二○二一年為例，只有十家上市公司連續七年榮獲前五％的佳績，而且這前五％的名單變動十分劇烈，每三家就有一家跌出榜外。堅持先義後利，堅持用最高標準嚴以律己，信義房屋的傑出，絕非偶然，而是以真誠用心換來的。

　　而在以人為本的堅持上，信義房屋也是與時俱進。過去信義房屋的決策思考是奉行全面品質管理（TQM），一切以「品質」為考量，但在不斷吸收進步觀念之下，信義房屋也已在二○一三年改為全面倫理管理（TEM）思維。而如此的核心思維變化，也使得信義房屋創造了截然不同的影響力。

　　事實上，以房仲業過往重要的宣傳管道、派報廣告為例，若以過往的「品質」做為決策考量，那麼信義房屋所思索的是如何讓派報更有效率？印刷如何更精美、在哪裡

與什麼時段派報發廣告，才能創造高品質的感受？但當改用「倫理」思維時，想的則是企業與五大關係人（客戶、同仁、股東、社會大眾、自然環境）的利益是否一致？是否能共存永續？那麼這時便不難發現，原來傳統的派報策略從根本上就有大問題。

派報當然有廣告功效，但一一檢視，與五大關係人的利益衝突時，就不難發現，派報其實對環境不友善，會造成很多的碳排放，周俊吉深知如果沒有把事情想透澈，好的執行力卻可能帶來壞的結果，因此當信義房屋，以倫理管理思維釐清派報對環境並不友善後，便改採大量數位行銷，落實無紙化政策。

而正向思考更是落實永續思維的關鍵。任何新服務、新理念，即便再好，但在剛推出時，往往都會遇到各方阻力，這時就必須心懷正面樂觀，勇敢堅持下去，才能讓好的服務與理念，長存永續。

例如，目前消費者買賣不動產時，視為理所當然的「履約保證」，當年正是由信義房屋領先推出，但在一九九六年剛推出時，卻也不是立即就得到所有人的認同。原來為了降低買賣雙方風險，例如賣方拿到訂金之後，卻沒有完成過戶、交屋等狀況，信義房屋率先與銀行合作，由銀行所投資的第三方公司，保管買方的高額價金，而一直等到完整過戶、確定一切法律事項與交屋之後，才由第三方公司撥下高額購屋款給賣方。

如此方可確保雙方一手交錢、一手交屋，大為降低各種風險。但即便如此，在當年許多賣方也不免抱怨，此舉雖然比較安全，但如此一來，賣方屋主拿到錢的時間，就晚了一些，無法像過往，只要一簽約就可以先拿到一成的訂金。

「就是因為不可能所有人都滿意，所以正向思考才十分重要。」周俊吉坦言，進步有其成本與代價，就像健身運動，雖然會使我們力量變得更強大，但也得挺過舉重時

的揮汗費勁與運動後的肌肉痠痛，才能獲得新的力量。

如果再次創業，再次回到二十八歲

一九八一年，年僅二十八歲的周俊吉成立信義房屋，而後一步一腳印，逐漸改寫台灣房仲業的面貌。而如果周俊吉再年輕一次，二〇二一年的此時，他若是二十八歲的青年，又會做著什麼樣的事業？

周俊吉表示，由於信義房屋過去四十年來已經相當程度重新塑造了台灣房仲業的面貌，倘若他能再次年輕與創業，他不會再選擇房仲業，而會選擇能讓地球減碳的綠能產業，因為一來這個產業仍是變化極大的嶄新行業，對後起的創業家來說，是個好選擇，二來是因為當今社會實在太過需要這項產業，因為現在人人都暴露在極端氣候的生存危機之中。

這個選擇的確呼應了周俊吉一路走來的心念。如前面

所說的，他現在正致力於環灘島的零碳計畫，而四十年前，他之所以投入房仲業，也是因為房仲業亂象環生，讓許多民眾都暴露在房屋買賣的高風險之中。

　　撥亂反正、身懷理念、服務人群、邁向永續，正是信義房屋過去四十年來的故事。而信義的故事相信不只在房仲業，此刻其所能影響的，將是更多企業，與更多人美好的將來與生活。

附錄

信義環境、社會、公司治理（ESG）
重點績效

　　信義企業集團秉持「以人為本」的信義精神，以「堅持企業社會責任，成就世界級服務業」為經營目標，期能達成與整體社會共生共榮的終極願景。信義以更寬廣的全球性視角一環境、社會與治理（ESG）架構，調和各利害關係人權益，積極建立未來永續利基，透過信義價值鏈「信」、「義」、「倫理」的永續創新，滿足各利害關係人需求，為所有身邊人帶來美好幸福的新生活。

E 環境永續

　　極端氣候對全人類帶來巨大衝擊，已經處於緊急狀態

（Climate Emergency）的邊緣，特別是在台灣面臨缺水、缺電、疫情等多重威脅的當下，身為世界公民的企業，更要積極行動、避免情況繼續惡化。信義除了從自身做起，持續提升推動環境永續相關節能減碳措施之外，對外亦推出綠色創新服務，在 2020 年將每筆交易碳足跡較基準年 2017 年減少 38.1%，提前達成原訂 2030 年校準年減少 35% 之目標。同時積極響應國際趨勢，主動參加「國際碳揭露專案」（Carbon Disclosure Project, CDP），2021 年，更與「台灣永續能源研究基金會」（TAISE）攜手倡議「淨零排放 2030/2050」（Net Zero 2030/2050），希望達成「2030 信義房屋、2050 信義企業集團」淨零排放的永續目標。

2011 ✓ 推動「信義學堂」，舉辦環境關懷系列講座分享環境議題。

2012 ✓ 於總部大樓引進日本 Ubiteq Be Green Next（UGS）能源監控系統。

2015
- ✓ 全球房仲業第一家通過 ISO 14064-1 溫室氣體查證（總部大樓）。
- ✓ 全球房仲業第一家通過 PAS 2050 碳足跡查證。

2016
- ✓ 全台房仲業第一家推動取得行政院環保署碳標籤。
- ✓ 制定全球第一本不動產經營碳足跡產品類別規則（PCR）。
- ✓ 全球房仲業第一家通過 ISO 50001 能源管理系統驗證。

2017
- ✓ 取得行政院環保署減碳標籤。
- ✓ 通過 ISO 14064-1 溫室氣體查證（總部＋所有分店）。
- ✓ 全球連鎖服務企業第一家通過 ISO 20121 永續性活動管理系統驗證。

2018
- ✓ 推動門市碳中和計畫，首次通過 PAS 2060 碳中和查證，並於部分門市宣告達成門市碳中和，成為全球第一家碳中和宣告的房仲業。
- ✓ 全球房仲業第一家通過 ISO 14067 水足跡查證。

✓ 全球房仲業第一家通過 ISO 14001 環境管理系統驗證。

✓ 與辜嚴倬雲植物保種中心合作，保種復育 5 種瀕危原生植物。

2019

✓ 門市擴大推動循環經濟——物品借用服務。

✓ 在門市引進 DOMI 智慧能源監控系統。

2020

✓ 通過行政院環保署展延碳標籤與減碳標籤。

✓ 全台不動產業第一家參與科學碳目標倡議 SBTi 與國際碳揭露專案 CDP，首度填答 CDP 氣候問卷便取得「A-」的領導等級。

2021

✓ 通過取得 TCFD 符合性聲明，提高氣候治理資訊透明度。

✓ 獲得科學碳目標倡議 SBTi 通過目標驗證。

✓ 加入聯合國 Race to Zero 倡議。

✓ 與「台灣永續能源研究基金會」（TAISE）攜手倡議「淨零排放。2030/2050」（Net Zero 2030/2050），承諾 2030

信義房屋淨零碳排及 100% 使用綠電。

S 社會共融

　　信義將「以人為本」的理念融入企業社會責任裡，透過倫理價值與理念的倡議及推廣，在永續經營的路上，兼顧同仁、客戶、鄰里社區、社會的福祉，贏得彼此的互信與互助，讓信義與整個社會共好、共生、共創。

1989
　　✓ 首開仲介業之先製作「不動產說明書」，保障消費者權益。
　　✓ 信義業務新進人員前半年高保障底薪，並提供完整的新人教育訓練，系統性培訓規劃。

1992
　　✓ 經營成果與同仁共享，三分之一稅後營業利益分配給同仁。

✓ 為保障房屋品質無虞，提供消費者沒有句點的房仲服務，信義首創「漏水保固服務」。

1996　✓ 為促進不動產產業研究與發展。信義發行「台灣地區房地產年鑑」。

2000　✓ 設立幸福健康管理中心關照同仁身心健康。
　　　　✓ 成立信義至善獎助學金，自 921 大地震至今持續協助南投縣信義鄉學子順利完成基礎學業以及多元學習。

2004　✓ 設立「社區一家」贊助計畫，為台灣單一企業支持最久、規模最大的社造行動。
　　　　✓ 落實強化當前企業倫理教育，設立企業倫理教育扎根計畫。

2007　✓ 完善核心能力與利害關係人需求，建置購屋四大保障。
　　　　● 漏水保固制度（1992）　● 成屋履約保證（1996）

● 高氯離子瑕疵保障　　● 高放射瑕疵保障

2009　✓ 為提升企業倫理教學和研究的水準，促進企業倫理的
　　　　實踐，成立中華企業倫理教育協進會。

2011　✓ 希望透過制度性的保障機制，為消費者建構全方位的
　　　　購屋安全防護網，信義首創凶宅安心保障制度。
　　　✓ 成立信義學堂，以六大主題規劃系列課程，促進大眾
　　　　對企業倫理、人文生活、環保意識、社區關懷、居住
　　　　空間、幸福家庭等議題更多關注。

2013　✓ 制訂全台最高第二胎生育補助，輔以其他配套措施，
　　　　以實質行動支持性別平等。

2015　✓ 讓新進同仁可以安心學習，首創「新人轉職金」。
　　　✓ 社區一家邁入第二個 10 年，推出「全民社造行動計
　　　　畫」，不但鼓勵青年返鄉投入社區營造，也與政府推
　　　　動地方創生不謀而合。

✓ 信義看見裝修市場上常見消費糾紛，推出「裝修寶」服務，裝修款項專戶專人管理的保障，實踐企業倫理。

2016
✓ 推出「樂齡友善共好計畫」回應社會高齡化與少子化的挑戰，以延長長者健康自主生活、提高幸福感為目標。

2017
✓「社區一家」計畫榮獲總統文化獎「在地希望獎」，讓更多人投入社區營造，也鼓勵了許多企業跟進，一起推動在地發展。

2018
✓ 推出房仲業界首創「特定事故房屋跌價補償保險」。

2019
✓ 獨創彈性福利「信福幣」，同仁可選擇其所需要福利項目的制度。
✓ 信義房屋保障服務不斷升級，提前為消費者把關，推出蟲蛀保障制度。

2020 ✓DiNDON 智能賞屋在原本線上看屋的基礎下全新進化，透過大量機器學習技術，及時套入不同變裝風格，突破房屋現況，提升服務效率。

2021 ✓ 取得 ISO 45001 職業安全衛生管理系統標準認證。

G 公司治理

信義房屋不斷精進公司治理制度，追求「信義立業，止於至善」，至 2021 年已連續 7 年榮獲證交所「公司治理評鑑」上市組 Top 5% 的最高肯定。未來，會持續努力挑戰自己，開創並定義前所未見的居住生活服務領域，書寫台灣產業新頁。

1987 ✓ 堅持財務一套帳：自 1987 年設立股份有限公司起，就算只有兩家店，也堅持委託世界知名會計師事務所 Deloitte 建立會計制度及進行簽證。

| 1992 | ✓ 成立流程管理推動組織「全面品質管理（TQM）委員會」，建立以品質為核心的經營模式。 |

| 1999 | ✓ 通過上櫃申請，正式掛牌於中華民國證券櫃檯買賣中心，領先同業成為第一家股票上櫃的房屋仲介公司。 |

| 2001 | ✓ 申請上櫃轉上市成功，正式掛牌於台灣證券交易所，信義房屋成為全台唯一股票上市的房仲公司。 |

| 2007 | ✓ 主動成立審計委員會，由三位獨立董事組成，替代監察人制度，強化公司治理。 |

| 2008 | ✓ 通過 CG6003 公司治理認證評量。 |

| 2009 | ✓ 實施股東通訊投票。
✓ 定期召開線上法說會。
✓ 通過 CG6004 公司治理認證評量。 |

2010
- ✓ 主動成立薪酬委員會，進一步強化董事會職能。
- ✓ 首次依照 GRI 架構出版「2009 信義房屋企業永續發展報告書」。
- ✓ 通過 CG6005 公司治理認證評量。

2011
- ✓ 同步發布中英文重訊。
- ✓ 通過 CG6006 公司治理認證評量。

2012
- ✓ 創台灣產業之先，設立「倫理長」及「企業倫理辦公室」，立下「誠信倫理」標竿。
- ✓ 實施董事會自評。

2013
- ✓ 「全面品質管理（TQM）委員會」改為「全面倫理管理（TEM）委員會」，更強調倫理之重要性。
- ✓ 董事會增加一位獨董，獨董席次超過半數。

2014
- ✓ 設置英文投資人網站，重要規章英文化。
- ✓ 每年的 5 月底之前會召開股東常會，落實良好的公司

治理實務。

✓ 通過 CG6008 公司治理認證評量。

2015
✓ 於會計年度結束後 2 個月內公布年度財務報告
✓ 股東會議事手冊英文化。
✓ 訂定獨董任期限制。

2017
✓ 主動成立提名委員會,為董事會第三個功能性委員會,進一步強化董事會職能。

2019
✓ 增聘女性獨立董事。
✓ 設立公司治理主管。

SM 供應鏈管理

為力求在提供服務的所有過程中貫徹企業倫理,並落實信義理念成為供應鏈管理文化,信義十分重視所有供應商 100% 簽

署「永續條款承諾書」、「正當經營行為規範」，並執行現場檢核，期盼與供應鏈共同成長。此外，積極與供應商共同發展創新社區服務模式，兼顧永續環保觀念，全力支持綠色行動。至2020年已連續十三年榮獲「民間企業綠色採購標竿單位」，長遠期盼與整體社會、乃至於全人類，共同邁向兼容並蓄的成長高峰。

2012 ✓ 訂定供應商人權條款，將聯合國全球契約（Global Compact）之國際精神與原則納入管理體系。

2013 ✓ 導入 ISO 9001 品質管理系統，對供應商在品質、成本及交期的表現進行定期及不定期稽核與輔導。

2014 ✓ 導入 CSR 相關原則，揭露管理指標及結果；透過要求供應商簽訂正當經營行為規範、人權條款等規範，強化倫理採購意識。

2015 ✓ 展開供應商衝擊評估與風險調查，增加工傷情形調查。

2017 ✓ 導入 ISO 20121 建立供應鏈管理程序及表單。

2018 ✓ 修訂人權條款為永續條款承諾書，並邀請供應商開始填寫企業社會責任自評表。

2019 ✓ 將供應鏈管理在 ESG 各面向上持續深化，與供應商分享資源、攜手共同提升永續績效。

2020 ✓ 針對上下游關企供應商展開碳排放調查，擬定減碳路徑。

2021 ✓ 導入 ISO 20400 永續採購指南。

國家圖書館出版品預行編目（CIP）資料

信義學：ESG 先行者 10 個有溫度的創新／陳建豪著 . -- 第一版 . -- 臺北市：遠見天下文化出版股份有限公司 , 2021.11
　面；　公分 . -- (財經企管；BCB748)
ISBN 978-986-525-343-1(精裝)

1. 信義房屋股份有限公司　2. 不動產業　3. 仲介

554.89　　　　　　　　　　　110016959

財經企管 BCB748

信義學：
ESG 先行者 10 個有溫度的創新

作者 ── 陳建豪
副社長兼總編輯 ── 吳佩穎
責任編輯 ── 黃安妮、張彤華、黃筱涵
封面暨內頁設計 ── Bianco tsai
出版者 ── 遠見天下文化出版股份有限公司
創辦人 ── 高希均、王力行
遠見‧天下文化 事業群榮譽董事長 ── 高希均
遠見‧天下文化 事業群董事長 ── 王力行
天下文化社長 ── 王力行
天下文化總經理 ── 鄧瑋羚
國際事務開發部兼版權中心總監 ── 潘欣
法律顧問 ── 理律法律事務所陳長文律師
著作權顧問 ── 魏啟翔律師
社址 ── 台北市 104 松江路 93 巷 1 號 2 樓

讀者服務專線 ── （02）2662-0012
傳　真 ── （02）2662-0007；2662-0009
電子信箱 ── cwpc@cwgv.com.tw
直接郵撥帳號 ── 1326703-6 號　遠見天下文化出版股份有限公司
電腦排版／製版廠 ── 中原造像股份有限公司
印刷廠 ── 中原造像股份有限公司
裝訂廠 ── 中原造像股份有限公司
登記證 ── 局版台業字第 2517 號
總經銷 ── 大和書報圖書股份有限公司　電話／(02)8990-2588
出版日期 ── 2021 年 12 月 15 日第二版第 1 次印行
　　　　　　2024 年 9 月 25 日第二版第 7 次印行

定價 ── NT 450 元
ISBN ── 978-986-525-343-1
EISBN ── 9789865253547（EPUB）；9789865253523（PDF）
書號 ── BCB748

天下文化官網 ── bookzone.cwgv.com.tw

天下文化
BELIEVE IN READING